みうたさんの野菜たっぷりおやつ

低糖・低脂肪でおいしくつくる
レシピ&ヒント

江島雅歌

農文協

根菜たっぷりおやつ

土の恵みをたっぷり受けた根菜は，自然な甘みの宝庫。ひと工夫ですてきなおやつに。

にんじんのクールパイ

パリパリのパイ皮に，ゼリーのような軽いフィリング。まるでトロピカルフルーツを食べているみたい！ (p.44)

ごぼうソフトビスケット

ごぼうにこんなに甘みがあったなんて……ニョキニョキ顔を出したごぼうの歯ざわりも楽しい。(p.50)

だいこんもち

だいこんのほのかな甘みと苦味，両方楽しむ中華のおやつ。あつあつをめしあがれ。(p.45)

いもたっぷりおやつ

蒸せばほくほく，こねればもちもち。和菓子に洋菓子に，おいもは万能選手。

さつまムース

口の中でふわっと溶けるのに，とっても濃厚な味わい。むらさきいもの色が美しい，上品なデザートです。(p.66)

ひょかご

ふかしいもにもうひと手間加えると，こんなにかわいいゆでまんじゅうがすぐできます。(p.64)

じゃがいも入りスティックパン

じゃがいもを入れたら，スティックパンもとってもあっさり。レーズンの甘みがアクセントです。(p.67)

不思議においしい
やまいもプリン

シャキシャキ＆とろーり?! やまいもの特徴そのままに，さわやかプリンになりました。(p.72)

さつまロール

黒砂糖風味の素朴なスポンジで，いもあんを巻きました。シナモンが味をひきたてます。(p.58)

やまいもごませんべい

パリパリ気持ちいい歯ごたえは，やまいもの実力。ごまの香りで，ついもう1枚。(p.68)

豆たっぷりおやつ

味わいも色もさまざま，表情豊かな豆たちを簡単おやつで。ノンシュガーあんこのおいしさにびっくり！

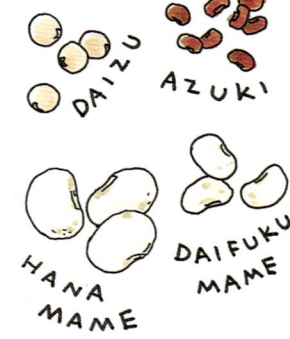

さくらまんじゅう
大福豆のあんこは，ノンシュガー。少しのハチミツと桜の葉の塩気で，上品な甘さになりました。(p.88)

ずんだもち
市販のずんだもちはお砂糖たっぷり。みうた流はハチミツをちょっとだけ。お豆の甘さが前に出て，もうほかのは食べられない！ (p.84)

あずき蒸しパン
もっちりとした弾力と，あずきの風味が魅力です。甘さはごくひかえめだから，いくつでも食べちゃいそう。(p.83)

葉野菜たっぷりおやつ

青菜の中に隠れていた，意外な甘さとこく。上手に引き出して野菜たっぷりティータイム。

小松菜のスイートタルト

小松菜のこくとみずみずしさがぎっしり1束分！ レモンの力を借りてさわやかタルトができました。(p.128)

ふわふわにらぎょうざ

たっぷり入れたにらの香ばしさがたまりません。パン生地なので食べごたえ満点。(p.130)

ほうれんそうの蒸しケーキ

蒸しあげると，レモンの香りがほわっと立ちこめます。ほうれんそうがとってもやさしい味に大変身。アクも葉っぱくささもありません。(p.120)

実野菜たっぷりおやつ

きゅうりやトマトもおやつになる！ きざんで，ゆでて，すりおろして……新しい味に出会えます。

コーンマフィン
ひかえめな味わいの中にコーンの甘みが生きています。朝食にもどうぞ。(p.107)

おひさまドーナツ
揚げたてを割ると，きれいなおひさま色。かぼちゃたっぷり，ひと味ちがうドーナツです。(p.101)

トマトボール
トマトを練り込んだほのかな酸味のパンに，野菜入りのクリームチーズをしのばせました。ローオイルで胃にもたれないスナックパン。(p.110)

ノンエッグかぼちゃ
クリームパン

パンにもクリームにもかぼちゃ
を使った,かぼちゃづくしのク
リームパン。やさしい甘さで
とっても軽やか。(p.96)

きゅうりのゼリー

おだしにきゅうりを加えて,やわらかゼ
リーに。青じその香りで一気に涼しくな
りそう。(p.114)

ズッキーニブレッド

ズッキーニの青っぽいような風味がそ
のまま生きて,まるで畑でとれたお菓
子。(p.115)

いろいろ野菜のおやつ

少しずつ使い残した野菜たちを，何でも入れてごきげんおやつ。自然派スナックは子どもも大好き。

いもの粉の野菜ちまき

さつまいもを粉にした「いもの粉」に，野菜を入れたちまきです。からしじょうゆで食べると，あとをひくおいしさ。 (p.138)

真珠蒸し
中華点心も野菜たっぷりなら，あっさりおいしい。口に入れると野菜のうまみがじゅわっと広がります。 (p.135)

カレー味クラッカー
カリッカリの堅焼きクラッカー。なのにみずみずしさを感じるのは，野菜マジック？ (p.134)

●●● 目　　次 ●●●

おいしくてもたれない野菜のおやつで毎日元気！　　5

- 野菜を使ってもっと気軽なおやつづくり………………………………… 5
- たっぷり野菜でからだイキイキ「元気おやつ」のすすめ……………… 6
- 野菜のおいしさ再発見！　驚きから生まれたおやつたち……………… 7
- 野菜は天然の甘みの宝庫—砂糖では出せない甘みを楽しもう—……… 8
- ふわふわやわらかくて甘いだけがおやつじゃない……………………… 9
- 野菜のおやつとたっぷりの水分でヘルシー度アップ…………………… 11
- 野菜のおやつは料理の延長線上にある…………………………………… 11

みうた流ヘルシーおやつ講座
ヘルシーおやつを上手に楽しむための材料と道具について　　13

★材料編………………………………………………………………… 14

- 材料を知っておいしさひきたつおやつづくり…………………………… 14
  - ●砂糖………14
    - 代用するときは　15／ひかえたいときは　16
  - ●牛乳………16
  - ●卵………17
    - 卵を入れないでつくるケーキのこつ　18
  - ●油脂………18
  - ●小麦粉………20
    - 種類と性質　20／代用するときは　21
  - ●重そうとベーキングパウダー………22
    - 重そう　22／ベーキングパウダー　23
- お菓子の基本法則がわかればアレンジ自在……………………………… 25

★道具編………………………………………………………………… 26

- オーブンなしでもお菓子はできる！……………………………………… 26
  - ●電気オーブンで………27
  - ●オーブントースターで………27

●フライパンで………28
●蒸し器で………29
●油で揚げて………29

◇この本のレシピの見方　31
◇この本のパン生地のつくり方　32
◇この本のパイ生地のつくり方　34

1　隠れた甘さを引き出して，お砂糖いらず
根菜たっぷりおやつ　37

◆根菜のおやつ◎楽しみ方のヒント……………………………………38

にんじんスティック　41　　　　だいこんもち　45
ヘルシーにんじんクッキー　42　だいこんの平パン　46
にんじんホットケーキ　43　　　根菜味噌まんじゅう　48
にんじんのクールパイ　44　　　ごぼうソフトビスケット　50

2　蒸しておろして，ほくほくもちもち
いもたっぷりおやつ　51

◆おいものおやつ◎楽しみ方のヒント…………………………………52

おさつチップス　56　　　　　　やまいもごませんべい　68
さつまスイートクラッカー　57　やまいもパンケーキ　69
さつまロール　58　　　　　　　さくら風味のやまいもケーキ
ヘルシースイートポテト・プチ　　　　　　　　　　　　　70
　　　　　　　　　　　　60　やまいも蒸しパン　71
いもづくし茶巾絞り　61　　　　不思議においしいやまいもプリン
石垣もち　62　　　　　　　　　　　　　　　　　　　　72
いきなりだご　63
ひょかご　64
ねりくり　65
さつまムース　66
じゃがいも入りスティックパン
　　　　　　　　　　　　67

3 まとめてゆでて手間いらず
豆たっぷりおやつ　75

◆豆のおやつ◎楽しみ方のヒント……………………………………… 76

きなこドーナツ　80
やせうま　81
きなことあずきのパン　82
あずき蒸しパン　83
ずんだもち　84
きなこババロア　85
大豆といりこのごまがらめ　86
豆腐バナナチョコムース　87
さくらまんじゅう　88

4 きゅうりやトマトもお菓子になるの？
実野菜たっぷりおやつ　89

◆実野菜のおやつ◎楽しみ方のヒント……………………………………… 90

ふかふかかぼちゃクッキー　94
かぼちゃマフィン　95
ノンエッグかぼちゃクリームパン　96
クリームパン用
　ココナッツミルククリーム　98
クリームパン用
　豆乳クリーム　99
しっとりかぼちゃパン　100
おひさまドーナツ　101
かぼちゃのパイ　102
かぼちゃクールパイ　103
かぼちゃゼリー　104
パンプキンムース　106
コーンマフィン　107
コーンアップルタルト　108
トマトボール　110
トマトパイ　112
きゅうりのゼリー　114
ズッキーニブレッド　115

5 きざんで，つぶして，自由自在
葉野菜たっぷりおやつ　117

◆葉野菜のおやつ◎楽しみ方のヒント……………………………………… 118

ほうれんそうの蒸しケーキ　120
ほうれんそうのパン　122
ほうれんそうのちぎりパン　124
スピナッチドーナツ　126
ベジタブルクレープ　127
小松菜のスイートタルト　128
にら焼き　129
ふわふわにらぎょうざ　130
ねぎのおやき　132

6 組み合わせればカラフル&デリシャス
いろいろ野菜のおやつ　　　　133

カレー味クラッカー　134　　　カレーまん　136
真珠蒸し　135　　　　　　　いもの粉の野菜ちまき　138

コラム
♥ 失敗にこそ上達の芽があるのです　　　　　　　　　　　73

Q&A
Q レシピ通りにつくったのに，クッキーやスコーンの生地が
　　べたついて，成形できないのですが…　　　　　　　116
Q レシピ通りにつくったのに，パン生地がいっこうに発酵し
　　ないのですが…　　　　　　　　　　　　　　　　139
Q この本のお菓子のカロリーはどのくらいですか　　　140

☆材料・道具のお店情報…………………………………………141

あとがき　143

　　　　　　イラスト　江島恵子／撮影　小倉隆人／口絵レイアウト　井上智江

おいしくてもたれない
野菜のおやつで毎日元気！

野菜を使ってもっと気軽なおやつづくり

　お菓子づくりというと，材料をそろえるところからやらなきゃならないし，いっしょうけんめい混ぜたりこねたりと大変そう，とか，買ったお菓子のほうがやっぱりおいしいし，わざわざ手づくりしなくてもいいんじゃない？　という声が聞こえてきそうです。

　それに近ごろではレディメイドのケーキミックスやクッキーミックスなども出回っていて，一から材料を集める手間がはぶけて便利に手づくり気分を味わえるようにもなっています。そこに野菜をちょっときざんで入れるだけでも手づくりの野菜のおやつができてしまいますね。簡単でそれなりにおいしいのですが，ベースになるミックス粉の味が同じだとすると入れる野菜の種類はちがっても，味の印象は同じになってしまいます。

　野菜嫌いの子どものために，ケーキにこっそり野菜を混ぜ込むというのもわるくはないのですが，そういう対策のためだけに野菜のおやつをつくっていると，野菜のおいしさを子どもに伝える機会を逃がしてしまうかもしれません。

　この本では，野菜をおやつの第一の基本素材と考え，それぞれの野菜の性質に合ったレシピを紹介して，野菜を使ったおやつづくりを提案していきます。

　従来の洋菓子にも野菜入りのお菓子のレシピはありますが，この本では，洋菓子に多用されるバター，卵，砂糖，生クリームなどの材料は可能なかぎり減らして，その分，野菜に本来そなわっているうまみを表に出しています。

　その味わいはさっぱりとしていて，体の奥深くしみわたっていくような，滋味豊かな新しいおいしさなのです。

　また，いつも台所にある野菜をメインにしたおやつなら，「さあ，つくるぞ！」と構えなくても気軽に手づくりのおやつを楽しめるのではないでしょうか。

たっぷり野菜でからだイキイキ「元気おやつ」のすすめ

　野菜はビタミン，ミネラル，食物せんい，と栄養素の宝庫で，毎日の食卓に欠かせない食材です。
　頭や体をすっきりさせるにはこってりした油や肉や砂糖ではなく，野菜がいちばんいいというのはもう皆さんごぞんじのことと思います。そう，野菜は体内の血液をサラサラに浄化し，油や砂糖で疲れた胃腸を元気にしてくれるありがたい自然の恵みです。
　そんなことはわかっている，毎日の料理でもちゃんと摂っている，という方でも，食べているお菓子は相変わらずバターや砂糖たっぷりの重たいケーキだなんて，それではあまりに残念です。
　野菜たっぷりのこの本のおやつを食べたらきっと，体中に初夏のすずしい風が吹いているように軽やかに一日を過ごしてもらえると思います。
　寒天を使ったにんじんやかぼちゃのパイ（p.44, 103），やまいもプリン（p.72）などはいくら食べても胃がもたれないし，さっぱりとしたあと味でほんとに心地よい気分になります。一見濃厚で重そうに思えても，この本のズッキーニブレッド（p.115）やおひさまドーナツ（p.101）のようなレシピなら，市販のお菓子に比べるとはるかにローオイルでやさしい味わいだということに驚かれるでしょう。
　私は，野菜たっぷりのおやつをつくるようになって，今まで以上に味覚が敏感になり，過剰な塩分，糖分，油分が体に入るのを未然に防ぐ力がついてきたのではないか，と感じたりしているところです。
　この本のおやつを楽しくつくっておいしく食べることで，健やかな体をめざすきっかけにしてもらえたら，きっとおやつになった野菜たちもうれしいにちがいありません。

野菜のおいしさ再発見！　驚きから生まれたおやつたち

　何はなくともにんじん，たまねぎ，じゃがいもはいつも台所にごろごろしているという家は多いんじゃないでしょうか。それにだいこん，トマト，小松菜，ほうれんそう，れんこん，ごぼう，とおなじみの野菜の料理法はきっともうごぞんじのはず。

　じゃ，これをお菓子にしてみたら？

　かぼちゃやにんじんを使ったお菓子はおなじみですね。さつまいもスイートポテトなんていうおいしいお菓子があるし。でも一般に知られている野菜のお菓子は，どうしたわけかバターや卵，砂糖をどっさり使った超リッチなものばかりなのがいつも気になっていました。濃厚で栄養たっぷりなかぼちゃのプディングなど，たしか  においしいけれど，野菜の本来もつさわやかさ，すがすがしさからはかなり遠くなってしまっているのが，なんとなく気になっていたのです。

　食前に葉野菜と根菜をピュレにして飲む健康法を試したときのことです。小松菜に少量のにんじんと塩とレモン汁を入れてミキサーにかけ，スプーンでひとさじずつ味わったとき，小松菜のピリッと辛く，豊潤でクリームのような濃い味わいにびっくりしたのでした。思えば小松菜は以前から好きな野菜で，いろいろ使っていましたから，さっと煮ると軽い味で，くたくたに煮込むと奥行きのある味わいになるのは知っていたのですが，生のピュレをじっくり味わったのなんて初めてで，その衝撃たるやものすごいものでした。この歳になるまで野菜のみなぎる生命力を知らずにいたなんて，なんともったいないことだったか，と目のさめる思いでした。

　小松菜がカルシウムたっぷりの野菜だと知識では知っていても，今までの私は小松菜のもつパワーを確信できるほどの感性は持ちあわせていなかったんです。もう本当にショックでした。

　それだけではありません。にんじん

おいしくてもたれない野菜のおやつで毎日元気！

についても意外な発見があったのです。ある日，買い込みすぎたにんじんを皮ごと輪切りにし，やわらかく煮てミキサーにかけ，ハチミツとレモン汁，シナモン少々で味つけしてジャムにしてみました。ジャムにすると驚くほどコンパクトになり，パンの上でなめらかにのびます。濃い色合いのわりにさっぱりとした味で，いくらでも食がすすみます。なによりもフルーツでつくったジャムのような重さ，甘ったるさがないのです。今ではすっかり定番のジャムになりました。

　そんなこんなで野菜のパワーをしっかりと実感してしまったので，これは野菜を三度の食事だけに使うのはもったいない，いつものおやつにも今までより積極的に取り入れて，もっと野菜を楽しもうと決心した，というわけです。

　これが，私流の野菜のおやつがさらにバージョンアップしたいきさつです。

野菜は天然の甘みの宝庫―砂糖では出せない甘みを楽しもう―

　たいていの人は，チョコレートやキャンディーといったストレートで強烈な砂糖の甘さに慣れっこになっていて気がつかないかもしれませんが，あの甘さは自然界には存在しませんよね。

　チョコレートはカカオに白砂糖とクリームをどっさり練り込んでかためたもの。そしてその白砂糖は砂糖きびの汁からミネラルや水分をこそぎとって，まっ白いショ糖という成分だけを抽出してある，高純度の精製品ですから，江戸時代などは本当に薬として処方されていたほどです。

　私は甘さひかえめのおやつをずっとつくり続けていますが，残念ながらこの薄味を最初からおいしいと言ってくれる人はなかなかいません。

　でも甘さをおさえた味に慣れてくると，味覚が敏感になって，今まで甘いなんて感じもしなかった野菜も，甘くておいしいと思えるようになってくるんですよ。そして，そういう自然な甘さのほうが，白砂糖どっさりの市販のお菓子の甘さよりも，風味豊かでおいしいと感じるようになってきます。

　野菜嫌いの人って，ひょっとしたら塩気や砂糖の強烈な味に慣れてしまって，自然の味をかぎわけられなくなっているだけかも。

　野菜が甘い―もちろん甘さだけでなく，辛み，苦み，うまみ，渋みなども

ありますが——というのは、野菜が、「自分は生きているんだよ」と私たちに訴えているのだという気がします。その声なき声をしっかり聴いて、それにふさわしい最小限の味を補ってあげれば、いちばんおいしく野菜を食べることができると思いませんか。

かぼちゃやにんじん、さつまいもなど、火を通すとかなり甘くなるものは、思いきって砂糖などの甘味料を減らして、かわりに塩少々で味にめりはりをつけることで、ぐんと野菜の表情が表に出てきます。青菜などは、レモン汁やスパイスに手伝ってもらって、お菓子らしく身だしなみ（？）を整えることで、新しい顔を見せてくれます。

こうして砂糖に頼りすぎないおやつづくりをしていると、あるときふと市販のお菓子が甘ったるくて食べられなくなっていることに気づくかもしれません。でもそのかわり、体の調子は以前よりちょっとよくなっているかも。そして心はずっと豊かになっているのではないかと思います。

ふわふわやわらかくて甘いだけがおやつじゃない

ひょっとしたらこの本のレシピでおやつをつくってみて、市販のケーキのようにふわふわしていない、甘くない、という理由で、失敗したと思う人もいるのではないか、と実はちょっと心配しています。というのも、この本のレシピは、「せっかく市販の味に飽き足らずに手づくりするのだから、自分が本当に食べたいものをつくろう」と考えたものなので、かなり市販の味からかけはなれた個性的な味わいになっているのです。

もともと歯が丈夫で、フランスパンなどかたいものをバリバリ食べるのが大好きだったという私なりの事情もあって、レシピ全体にかための食感のものが多いのは否めません。

おいしくてもたれない野菜のおやつで毎日元気！

　そして、砂糖や油脂、卵といった材料をかなり減らしていることも、お菓子がかためになるもうひとつの理由です。一般のレシピではこれらの材料をたっぷり加えることで生地の保水性を高め、しっとりやわらかく保つことができるのです。やわらかくて口あたりがよいからスルスルとお腹におさまってしまい、あとで食べすぎを悔やむことが多々あった私は、その後、ちょっとかたくてもしっかりかんで食べるものを好むようになりました。卵などを減らした分、ごわごわした食感になってしまうのですが、私はその素朴さが気に入っています。

　もし、この本のおやつをつくってみて、市販のお菓子とあまりにちがうできあがりに驚かれたとしても、つくり方をまちがえて失敗したのではないと思います。ふわふわでなくても、強い甘みがなくても、かみしめると自然の味わいがたっぷりなのが私のおやつなのです。

　この味に慣れてしまうと逆にふわふわのものはもの足りなくなってしまうのですが、これは好みの問題ですから、もし、つくってみて、どうしても市販のもののようにふわふわでないと食べたくないと思われたら、そのおやつはあなた向きではなかったのかもしれません。でも、この本にはムースやゼリーのようなやわらかいおやつのレシピもありますので、そちらをぜひつくってみてください。

　また、甘みに対する欲求は本能的なもので、とくに体や頭を使って疲れたときにはとても甘いものが欲しくなりますよね。私もそんなときはハチミツやレーズンをパンにべったりつけてむしゃむしゃ食べますが、お腹いっぱいのときにはいっこうに食べたいとは思いません。

　私のレシピは甘さがかなりひかえめですから、ある時にはおいしいと感じても、別の時には甘さが足りないと感じたり、またその逆もあるかもしれません。そこのところはつくる人、食べる人の味覚や気分に合わせて好みの甘さにかえてもらえればいいのです。

　p.13〜30の「おやつ講座」も参考にしながら、ぜひあなた流にアレンジしてみてください。

野菜のおやつとたっぷりの水分でヘルシー度アップ

　朝、起きぬけに冷たい水を一杯きゅーっと飲む、という健康法を何度か試してみたことがあります。

　私の体は性能がよくなくて、これだけで毎朝すっきりということはいまだにないのですが、ともかく朝、水分をたくさん摂ることはたくさん食べるよりもずっと体の調子をよくしてくれることは、体験的にも納得のいくことです。

　私の朝食も近ごろはミルクティーからストレートティーにかわり、砂糖もミルクも入れない飲みものに慣れてくるにつれ、他の種類のお茶も飲み比べて楽しむようになってきました。

　たとえば中国のプーアル茶、韓国のコーン茶、そば茶、ハトムギ茶、ドクダミ茶などは刺激が少なくやさしい味なので、たっぷり飲みたい朝に向いています。いっぽう昼さがり、ちょっと疲れた体と頭を休めたいときには香りも個性的でカフェインなどの刺激もほどよいジャスミン茶、ウーロン茶、煎茶、ダージリンティー、アールグレイティー、それにフレッシュなハーブティーなどをゆっくり楽しみます。

　もし、お庭にフレッシュなミントの葉があれば（もちろん買ってきたものでも）、一枝をコップに入れて熱湯を注ぎ、ミントティーを楽しめます。なんとなく疲れてすっきりしない日などにリフレッシュ効果抜群です。

ミントティーに合わせるおやつは〈にんじんのクールパイ〉がおすすめ

　この本の野菜のおやつは甘みも塩気も控えめで、ほっとなごむような味ですから、甘いジュースや濃いコーヒーよりも前述のようなお茶をお供にしてもらえたらヘルシー度はいっそうアップするでしょう。

野菜のおやつは料理の延長線上にある

　お菓子づくりは日常的にやっていないという人でも、料理なら（もしあなたが一家の主婦（夫）や一人暮らしなら）ほぼ毎日何がしかの料理をつくっていることでしょう。なかにはお料理は得意で、材料を見ただけで何通りものつくり方が浮かび、手際よくつくってしまうという料理上手な方もいらっしゃるの

ではないでしょうか。それなのにお菓子づくりとなるとちょっと構えてしまう——そんな人が多いのはなぜでしょう。

　まず，お菓子と聞いただけで頭の中にはお店に並んでいるような正統派の洋菓子や和菓子が浮かんでくるからではないでしょうか。

　お料理なら，材料や食べる人など，その時の都合に合わせて分量を加減するのにも慣れているし，いつも必ず同じ味にできなくても，それなりにおいしくいただけます。でもお菓子だと，たまにしかつくらないせいもあってか，「市販のもののようにできないといけない」と思いこみ，おっくうになったり，せっかくつくっても少しの失敗でがっかりしたりしてしまうのではないでしょうか。

　でも，私はこの20年ほどずっと自分でつくったお菓子やパンを食べ続けてきて，そして子どもたちにも手づくりの味を与えてきて，おやつづくりやパンづくりは，日常の料理の延長線上にあるのだと実感しています。とくにこの本のおやつなら，メインの材料がお料理と同じ野菜ですから，「お菓子づくりするのよ！」と構えるほうがおかしいくらい。

　夕飯のおかずと並行してつくれば，料理といっしょにおやつまでできてしまいます。ポテトサラダやグラタンづくりのときにマッシュポテトを少し取り分けておき，じゃがいも入りスティックパン（p.67）をつくれるし，焼き魚に添えるだいこんおろしが余ってしまったら，捨てずにパンに練り込んでだいこんパン（p.39）ができてしまいます。おそうざいの残りものを別の料理に変身させるのはよくある方法ですが，おやつにだって使わない手はありません。

　冷蔵庫にごろごろしている残り野菜も，カレーやシチューに利用するだけじゃもったいない。各章のはじめにある「おやつの基本テクニック」などを参考に，毎日のおやつを気軽に野菜たっぷりメニューにしてください。

みうた流
ヘルシーおやつ講座

ヘルシーおやつを上手に楽しむための材料と道具について

　ヘルシーなおやつづくりを始めてみようとしているあなたに，とっておきのヒントをお教えします。
　おやつづくりに必要な食材——砂糖に卵，バター，牛乳，小麦粉といった基本素材と，その特性を知ってください。そうすれば，どんなレシピを見ても，あなたの味覚に合わせて自在に応用できるようになるでしょう。毎日のおやつづくりが，もっと気軽な，そしてかけがえのない楽しみになるにちがいありません。
　また，オーブンがなくても手づくりの可能性をあきらめないでください。工夫しだいで代用できる器具はあるのです。
　すぐにおやつをつくってみたい方は，ここはとばしてレシピのページへどうぞ。でももし，うまくいかなかったり，もっと自分流に楽しみたくなったりしたときは，この講座を開いてみてください。この講座は，あなたのおやつづくりの視界をぐーんと広げてくれることでしょう。

材 料 編

材料を知っておいしさひきたつおやつづくり

砂　糖

　お菓子づくりにはなくてはならない素材，と思われていますが，『自然派おやつ』『ノンシュガーおやつ』と砂糖を使わないおやつの本を2冊書いてきて，お菓子の甘みはとくに砂糖でなくても出せることがわかってきました。また，白砂糖の純粋さは時に味覚を麻痺させることも知った今では，家庭で日常的に食べるおやつに関しては，なるべく使わない気構えでいたほうがかえって味の冒険ができるのではないかと感じています。

　野菜，果物，ナッツなどには自然な甘みがありますし，甘味料には砂糖以外にも，ハチミツ，みりん，黒砂糖，きび砂糖など，自然で風味豊かなものがあります。私はそれらを積極的に使うことで，白砂糖を使わないお菓子づくりをしています。

　ただ，砂糖は甘みを加える以外にも，お菓子の保存性を高め，日もちをよくする，ケーキの保湿性を高めて，しっとりとやわらかい食感を保つ，加熱することで，あめやカラメルに変化し，菓子の風味づけや色づけに使用できる，といった特性があります。このような長所をうまくとり入れてお菓子を華かに彩るのも，砂糖の大切な役目だと思います。自然派のおやつにも，砂糖にしか出せないマジックを適所に効かせると，より心豊かなお菓子づくりができるでしょう。

♥ 代用するときは

　ケーキのような焼き菓子に，砂糖でなくハチミツを使うレシピがこの本にはいくつかあります。一般的な砂糖を使った焼き菓子で，砂糖のかわりにハチミツを使う場合は，材料の全体量から水分（牛乳，卵など液状のものを含む）を減らす必要があります。また，**ハチミツには，焼き色を濃くする性質があるため**，加える量や焼き加減に注意が必要です。

　一般的に砂糖を使った食品は，冷蔵庫などで冷やすと甘みが薄くなります。ところが果糖は，冷たいほど甘さを強く感じるので，冷菓などには果糖を使うレシピがあります。ハチミツにはこの果糖が35％以上含まれているので，ゼリーやアイスクリームなどの冷菓に砂糖がわりに使うと，**使う量を減らしても甘みがしっかりと感じられます**。

　ハチミツ独特の香りが気になる方には，色も香りも淡泊なアカシアのハチミツがおすすめです。

　ハチミツは，まだ体に抵抗力のついていない1歳未満の乳児に与えると，まれに乳児ボツリヌス症を発症することがあります。1歳未満の乳児に与えるおやつには，ハチミツではなく砂糖や水あめを使うようにしてください。

　カラメルソースはふつう，純度の高い微結晶のグラニュー糖を使用しますが，場合によっては，きび砂糖，三温糖（花見糖），洗双糖，テンサイ糖などの**未精白の砂糖で代用することも可能です**。不純物（ミネラルなど）が多いため，沸騰すると泡がたくさん出て煮つめ具合がわかりにくいのですが，慣れれば使えないことはありません。しかし黒砂糖は，火にかけて煮つめるとふきこぼれてしまうので，カラメルづくりには向きません。もともと色が黒く，独特の香りがあるのですから，黒蜜にして，それをソースなどにするほうがよいでしょう。

　ケーキをふくらませるために卵白と砂糖を泡立てたメレンゲを使うことがあります。膨張剤を使わないお菓子づくりには，このメレンゲの力が不可欠です。

　砂糖のかわりに液状のハチミツ，水あめを使ってもある程度泡立てることはできますが，こしが弱く，だれた感じのメレンゲになり，ケーキのふくらみも期待できません。やはりメレンゲには，きめの細かいグラニュー糖が最適です。上白糖やほかの砂糖を使った場合も，残念ながら不純物（ミネラル）が多いほど，できあがりのふくらみがわるくなっていきます。でも，**クッキーやバターケーキ**

きび砂糖のメレンゲも使えます

みうた流ヘルシーおやつ講座

などでは，そのちがいがそれほどできあがりにひびかないようです。

♥ひかえたいときは

　一般の洋菓子には甘みのはっきりしたものが多く，甘いものが食べたいときにはうれしいけれど，もう少し薄味のほうが心になじむ，というときもあります。バターケーキやスポンジケーキなど，オーソドックスな配合のケーキの場合，砂糖の使用量は 90〜80％程度にまで減らすことができますが，ふんわりとした食感を期待するなら，減らしすぎるとふくらみややわらかさをそこなうことがあるので気をつけましょう。

　この本のレシピの場合は，もともと甘さをかなりひかえた配合なので，これ以上甘さを減らすよりは，好みで甘さを足すことを考えたほうがよいでしょう。

牛　乳

　実は私は子どものころから牛乳が大好きで，1日1リットル平気で飲んでいたころもありました。そしてつい最近までミルクたっぷりの紅茶を毎朝の習慣にしていたのです。

　しかし，他の食生活にかなり気をつかっているにもかかわらず，体調はいつもなんとなくすっきりせず，理由もなくイライラしたり，落ちつかなかったり，原因不明の婦人科系疾患に悩まされたりしつづけていました。

　ある朝ふと，紅茶にミルクを入れるのをやめてストレートで飲んでみました。すると，口の中はすっきりとさわやかで，一日穏やかな気持ちで過ごせたのです。

　ある日，医師の書いたアトピーの子どものための本を読んでいたところ，その中に「子どものころから飲み続けていた牛乳がアレルゲンとなり，多食や異食，イライラに悩まされていた」という著者自身の体験が書かれていました。まさしく私もこれと同じような症状だったのです。

そこでやっと，私は牛乳アレルギーなのだということに気づき，それ以来牛乳，乳製品を摂らない生活を始めました。おかげで今は，原因不明の体の不調はすっかり姿を消しました。

　牛乳はおいしくて栄養のある食品ではありますが，人によってはアレルゲンとなっている場合もあるので，お菓子づくりに水分として無意識に使うことはしないほうがいいのではないでしょうか。

　ホットケーキやスコーンなどのレシピに必ず牛乳を加えるのは，口あたりをよくし，その昔なら，栄養をおぎなうための意味もあったでしょうが，加える水分は牛乳でなければ絶対にダメというものでもありません。**それぞれの事情に合わせて水にかえても**いっこうにかまわないと思います。ケーキの栄養価を高めたり，こくを出したりするためなら豆乳でも同様ですし，**フルーツジュースなどでも趣のある味**になると思います。牛乳と卵を使わないとつくれないといわれている**カスタードクリームも，ココナッツミルクを使うととてもおいしくできる**ことを発見しました。

　そこで読者の皆さんには，レシピの中で牛乳と記載がある場合には，まず何と置き換えられるか，と考えてみられることをおすすめします。

卵

　お菓子，とくに洋菓子づくりにはなくてはならない重要な素材ですが，プロテインスコア100という，吸収率のとてもよい，文字どおり栄養価の高い食品ですから，できれば卵の存在がはっきり見える状態で適量を口にするのが一番よいと思います。これは，洋菓子を何年もつくり続けてきた私の実感です。

　お菓子に使われた卵は，お菓子ができあがってしまえばその姿はどこにも見あたらず，たとえばシフォンケーキも，「実は卵と砂糖の化けたものを食べている」という実感はないものです。日常的に三度の食事でもオムレツや卵焼き，目玉焼き，スクランブルエッグ，親子丼……と何がしかの卵料理を口にする現代の食生活では，そうとは気づかずにさらに間食のお菓子で多量の卵の栄養を摂ってしまうのは，体にあまりいいことではない気がしています。栄養過多になりがちな現代の食生活ですから，常に適量を食べることを意識して，しすぎることはないでしょう。

　ついつい使いすぎてしまいがちな卵ですか

ら，むしろひとつの卵を大切に使ってつくられるお菓子なら，卵によってもたらされるおいしさをよりいっそう感じることができると思うのです。

　ケーキをつくるとき，卵なしと卵ありをつくり比べてみると，卵の役割がよくわかります。まず卵ありはふくらみがいい。食感がまろやか。そして焼き上がりの色づきがきつね色でおいしそう。また，卵白に砂糖を加えて泡立てたメレンゲはそのままでもお菓子の素材になり，ケーキをきめ細かく焼き上げ，粉糖に混ぜて練るとアイシングという糖衣になります。メレンゲの用途は和洋を問わず広範囲に及び，卵白の力の不思議さ，奥深さにはいつも驚嘆するところです。カスタードクリームやアイスクリームのまろやかさとこくは，卵黄のなせるわざです。

　それらが美味であることはもちろんなのですが，野菜や果物にそなわるおいしさと栄養もおやつづくりにもっと取り入れたいと思ったとき，卵の風味が少し重く感じる場合もあります。そこで，前述した卵の効果を取り入れながらも，野菜の個性をおいしくおやつに変化させる方法を試みたのがこの本なのです。

　この本に出てくるお菓子は，卵の使用量はとても少ないのですが，どれも卵の役割を最大限に引き出した味だと思っています。卵1個を大切に使う気持ちでおやつづくりをしてみませんか。

♥卵を入れないでつくるケーキのこつ

　卵を入れないケーキでは，生地の混ぜ方がポイントです。**生地はけして練り込まず，さっくりと切るように合わせていきます。**マフィンなどは，粉が完全に混ざりきる少し手前で止めて，型に入れるくらいでちょうどよいのです。生地を必要以上にかき混ぜすぎるとねばりが出て，ふくらみがわるくなる原因にもなります。ひと混ぜごとに生地の変化を注意深く見ながら作業を進めてください。

　また，重そう，ベーキングパウダーといった膨張剤の分量を正確にはかることも大切です。

油　脂

　一般的に洋菓子づくりには必要不可欠な素材です。生クリームやバター，ショートニング，ラードのほか，グレープシードオイルなどの植物油も使われ

ます。

　バタークリームやホイップクリーム（フランス語でクレームシャンティや，ドイツ語でザーネということもある）はケーキに飾ることで口あたりをソフトに，いっそうおいしくしてくれます。また，生地に混ぜ込み焼き上げることで風味をよくしたり，焼き上がった生地の乾燥と老化（完全にさめてから時間を追って品質が低下していくこと）のペースがゆるやかになる，つまり，つくりたてのしっとりきめ細かい食感を長時間保たせるはたらきをします。

　このように製菓の材料としては，いいことずくめですが，できたお菓子の口あたりがいいのでつい食べすぎ，結果的に油分を摂りすぎてしまいがちです。

　私の場合は，健康のためにかなり意識的に加工品に含まれる油を摂らない食生活を続けています。でもこれは，油分はすべて敵，ということではありません。魚やごまなど，食材に含まれる油分は必要なものですから積極的に摂りたいものです。お菓子やパンなどに含まれる油脂は見えないだけに，いったいどれくらい食べているのか判断がむずかしく，結果的に食べすぎてしまうことになるのです。そこで私は，油をなるべく使わない菓子やパンを手づくりすることで，この不安を解消し，自分のその時々の体調や嗜好に合わせて私なりのレシピをつくってきました。

　市販の，または一般的なお菓子を食べ慣れている方のなかには，私のお菓子は，パサパサしている，口どけがわるくモソモソしておいしくない，という感想をもつ方もきっとおられると思います。でも，油分が少なくてかたいビスコッティや，日がたってパサパサしているマドレーヌ，パリパリと皮がかたいフランスパンなどは，日本ではちょっと考えられないかもしれませんが，本場ヨーロッパでは飲みものに浸して少しやわらかくなったところを食べる習慣があることを思えば，かわいた感じの私のお菓子もたっぷりの温かい飲みもの，——紅茶やコーヒー，ココアといっしょに食べたいお菓子になると思います。この本のなかのにんじんのクッキーやクラッカーは，そういった食べ方がいちばん合う典型的なおやつです。

　また，起きぬけに水分をたくさんとることは腸のはたらきを活発にしてくれますから，**朝食にたっぷりのお茶とともに油分の少ないパンやクッキーをつまむのは，健康にとてもいいんです**よ。

みうた流ヘルシーおやつ講座　19

味の好みは習慣や心がけでかえることができるということを，私はこの十数年間に自分で体験し，実感してきました。

小麦粉

♥種類と性質

小麦粉は，いろいろなお菓子のメインの材料となるものです。小麦の種類（品種，産地など）や製粉の仕方によって用途別に薄力粉，中力粉，強力粉，全粒粉，グラハム粉などの名称で市販されています。それぞれの特性や使い方について説明します。

薄力粉 タンパク質の含有量は 7～8％で，スポンジケーキやマフィンなど軽い食感のケーキをつくるのに適した粉です。

使う前には粉ふるいでふるってかたまり（ダマ）をなくし，ふんわりと空気を含ませることで，きめ細かい生地をつくります。ふるうのを忘れると，小麦粉のかたまりがそのまま残って焼き上がるので気をつけましょう。

強力粉 薄力粉に比べ粉質はサラサラしています。タンパク質の含有量は 11～13％と多く，水分を加えてこねるとグルテン（ねばりの強いタンパク質）が形成されるので，パンづくりに適した小麦粉です。

強力粉は，クッキーやパイづくりのとき，生地を扱いやすくするためにふる打ち粉（手粉ともよぶ）にも使います。

中力粉 タンパク質の含有量は薄力粉と強力粉の中間で，おもにパイ生地やクッキーづくりに向いています。国産の小麦粉のなかにはこの性質をもつ粉も多く，とくにナンブ小麦は甘みがあり，独特のあたたかい味わいのお菓子がつくれます。

全粒粉 前述のような白い小麦粉は，小麦の胚乳の部分だけを挽いたものですが，全粒粉は小麦の粒を丸ごと全部いっしょに挽いた，茶色っぽい粉です。あとで述べるフスマも胚芽もみんな入っています。

全粒粉を使うと，含まれているフスマが余分な水分を吸収してふくらみ，ケーキ全体を支えるはたらきをするので比較的形よく仕上がるうえに，小麦粉のうまみやこくが，ケーキに自然の甘みをおぎなってくれます。

一般に出回っている全粒粉には，きめの粗いものが多いようです。きめの粗いフスマが入っている場合や，細びきか粗びきかよくわからない場合は，ふるいやこしあみでふるって，大きめのフスマを取り除くと，ケーキがふくらまないという失敗を防げます。

小麦フスマ 小麦の表皮の部分を挽いたもので，繊維質が多く，ごわごわした食感です。少量をパンやケーキに加えることで，素朴な味わいを出したり，日常の食生活で不足しがちな食物せんいを補ったりすることができます。

小麦胚芽 小麦の胚芽の部分だけを取り出して加工したもの。甘みと香ばしい風味があり，少量（小さじ1〜2）をケーキに混ぜて使用します。

グラハム粉 小麦の粒を粗びきにした全粒粉の一種です。一般の全粒粉は，粗びきとよばれるものでもフスマの粒子が粗いだけで，全体は粉状なのですが，グラハム粉はフスマだけでなく胚乳の部分も粗びきで，粒々が混じったような独特の粉です。ざらっとした食感で，いかにも麦の粒を食べている感じがします。おもにアメリカのパンのレシピに使用され，独特の歯ごたえのあるワイルドなパンやスコーンができます。

グラハム粉と全粒粉を同じものとして扱っているお店もあるようですので，グラハム粉を店頭で求めるときは，「グラハム粉」と明記してある商品を選ぶと確実です。

♥代用するときは

薄力粉を使ったレシピは，中力粉でも工夫しだいで代用できますが，強力粉は使えません。生地がぎゅっとちぢまって，かたい仕上がりになってしまいます。

また，薄力粉の半量までは全粒粉にかえることができます。全粒粉は保水性が高く，水分を多く吸収するため，水分を多めに加えるようにします。

逆に，全粒粉のレシピは全部を薄力粉または中力粉にかえてもつくれるもの

があります。ただし上記の理由から、そのときは加える水分をひかえめにします。強力粉で代用はできません。

強力粉のレシピは、薄力粉や全粒粉では代用できません。中力粉なら、つくれないことはありませんが、生地がだれやすく、つくりにくいうえ、ふくらみのわるい、かたい焼き上がりになります。

小麦フスマや胚芽は、手に入りにくいかもしれませんね。少量（小さじ1～大さじ1）の配合であれば、入れなくてもさほど仕上がりは変わりません。ケーキの場合は、入れないときは水分を少しひかえめにしてください。

グラハム粉は、全粒粉の一種ではありますが、特殊な粉で、水分の吸収率も一般の全粒粉とはちがってきます。グラハム粉を使ったレシピを他の粉でつくっても、その独特の味わいは出ませんし、水分の調節もむずかしいので、やめたほうがよいでしょう。また、逆の代用もできません。

重そうとベーキングパウダー

ケーキのふくらし粉というとほとんどの人はまず「ベーキングパウダー」を思い浮かべるのではないでしょうか。和菓子をつくったことのある人なら「重そう」もふくらし粉の一種であることを知っているでしょうし、昔ながらの家庭のおやつはほとんど重そうでふくらませていたことを思い出す方もいるでしょう。でもそれをケーキの生地に混ぜるとふくらむことは同じでも、使い方や成分がどうちがうのかはわかりにくいものです。また読者の方の問い合わせも多いので、今回はもう少しくわしく説明したいと思います。

♥重そう

炭酸水素ナトリウム、重炭酸ナトリウム、重炭酸ソーダともよばれます。弱いアルカリ性を示す水溶性の白い粉末です。食品の添加物のほか、洗剤、医薬品としても使われています。

ふくらし粉（膨張剤）として使用する場合、粉のまま小麦粉に混ぜる方法と、少量の水でといて液体の材料に加え、あとで小麦粉を加える方法があります。前者は水分の多いケーキの生地などをつくる場合に適し、後者は、おもに和菓子をつくるときに用いられます。

重そうは、水にとけるとその時点で炭酸ガスを発生します。また、温度が高くなるほど炭酸ガスの発生が多くなることから、そのガスの力を利用してケーキをふくらませることができます。

また、アルカリ性であるため、酸を加えると化学反応をおこし、やはり炭酸

ガスを発生します。しかも,酸がアルカリ性を中和させ,重そう独特のにおいも少なくなるため,私は重そうを使ったケーキづくりには必ずといっていいほど**レモン汁,酢,ヨーグルトといった酸味のある素材を組み合わせて**います。こうすることで,使う重そうの量は少なくても十分なふくらみが期待できるのです。

　重そうの使用量は,多すぎると重そう臭が強くとても食べられたものではないので,計量には注意してください。小麦粉200gに対して重そう小さじ4分の1から半分までを限度として使いましょう。和菓子や田舎風の蒸し菓子には,かなり多量の重そうを使っているレシピもありますが,それは重そうのにおいを甘さでカバーできるだけの砂糖が配合されているために成り立っているのだと考えてください。この本のレシピのようにノンシュガーや低糖だと,重そうの分量を多くしてしまうと,ふくらんだけれど食べられないケーキになってしまいます。**くれぐれも計量は慎重に**お願いします。

　また,ベーキングパウダーを使ったレシピを重そうで代用しようというときにも,ベーキングパウダーと同量を入れてはいけません。たとえばベーキングパウダー大さじ1と記載されている場合は,重そうなら小さじ4分の1で十分です。けして大さじ1も重そうを入れないでください。

　このように,**重そうはうまく使えば驚くほど少量でふくらみ,とても経済的で安全**ですから,私は一般のケーキのレシピでもベーキングパウダーを重そうにかえてつくっています。最初のうちは計量に神経を使うかもしれませんが慣れればこんなに便利なものはない,と実感してもらえるのではないでしょうか。

♥ベーキングパウダー

　製菓・製パン用の膨張剤専用として,重そうを含む数種類の化学物質を組み合わせてつくられた食品添加物です。慣れるまではさじ加減がむずかしい重そうとちがって,**お菓子づくりに慣れない方でも比較的確実にケーキをふくらま**

せられるよう，調合されています。

　使用される薬品は製品によって多少異なりますが，
　・酒石酸
　・炭酸水素ナトリウム（重そう）
　・d-酒石酸水素ナトリウム
　・フマル酸１ナトリウム
　・焼みょうばん
　・ショ糖脂肪酸エステル
　・炭酸アンモニウム
　・リン酸１カルシウム

などを数種類組み合わせ，コーンスターチなどのデンプンを混合したものです。

　焼みょうばんは，なすの色止めなどにも使われますが，近ごろでは主成分のアルミニウムが体にわるい影響を与えるというデータもあり，焼みょうばんを含まないベーキングパウダーも自然食品店で見かけるようになりました。ショ糖脂肪酸エステルはスポンジケーキの助剤として単独で使われることもあります。酒石酸は，重そうなどアルカリ性の化学物質を中和させ，風味をよくするはたらきもあります。

　どんな配合の生地でもほぼ確実にふんわりとふくらませることができるという点では，重そうよりベーキングパウダーのほうが安心して使うことができます。

　私はシンプルな重そうに愛着があり，重そうだけを使った配合でお菓子をつくることが多いのですが，卵を入れないものなど，重そうだけではふくらみが期待できそうにない配合のケーキの場合は，少量（小さじ 0.5〜1）のベーキングパウダーを加えて膨張力を増すこともあります。

　ベーキングパウダーの使用量は，小麦粉 100g に対して約小さじ 1 が基本です。でも私の経験では，卵を配合したケーキの場合は，小麦粉 200g に対して小さじ 1〜1.5 でも，十分ふくらみます。

　ベーキングパウダーも重そうも，手づくりケーキの強い味方です。それぞれの特質を生かしつつ，最小限の使用で効果を出せたらいいと思います。ほかの材料の特性を知って，お菓子づく

りに慣れてくれば，工夫しだいで使用量を減らすこともできるようになるでしょう。

❖ お菓子の基本法則がわかればアレンジ自在

　お菓子の材料とその役割についてお話ししてきましたが，お菓子の配合には，基本法則ともいうべき材料の配合比があります。それを知っておくと，いろいろに配合をかえてオリジナルのアレンジができるようになります。

　配合をかえるなんて，そんなことしていいの？　と不思議に思われるかもしれませんが，私はもうずっと以前から，自分の好みに合うようにレシピをどんどんかえて新しいレシピをつくってきているのでまったく平気です。

　たとえばクッキーの基本法則をお教えします。

　小麦粉4，バター2，砂糖1，これが基本の配合です。ここに卵（小麦粉が

基本的なお菓子の配合比　　　　　　　　　　　　　　※すべて重量（g）での比率

お菓子	材料	小麦粉	砂糖	卵	油脂	牛乳
クッキー	型抜きクッキー	4	1	0.5	バター2	
クッキー	絞り出しクッキー（ラングドシャなど）	1	1	卵白1	1	
ケーキ	パウンドケーキ	1	1	1	1	
ケーキ	スポンジケーキ	2	2	1	0.4	
ケーキ	シフォンケーキ	2	2	3.5	1	
ケーキ	マフィン	2	1	1	1	1
ケーキ	スコーン（ホットビスケット）	4			1	2
パイ	折り込みパイ生地	1			1	
パイ	練りパイ生地	2			1	
パン	バターロール	100	10	6	バター10	
パン	食パン	100	4		5	
パン	フランスパン	100				
パン	ブリオッシュ	100	25	25	50	
パン	クロワッサン	100	5	7.5	57	
カスタード	カスタードクリーム	（含コーンスターチ）0.8	2	卵黄1	バター0.3	牛乳8
カスタード	カスタードプディング		1	2		4

注：パン類は粉100gに対しての材料配合率（ベーカーズパーセント）を使用。

400gの場合に1個)を入れてつくれば，パートシュクレというクッキー生地ができあがり，タルトの台にもなります。この基本の味を覚えておくと，他のレシピを見たときにこれは基本より砂糖が多いので甘くて生地がやわらかいだろうとか，バターが多いのでサクサクしているだろうなどと読みとることもできます。

　一度もお菓子をつくったことがなければ，レシピを見ても味も思い浮かばないし，アレンジの仕方もわからないのですが，お菓子づくりの経験が積み重なってくると，だんだんと感覚的にもわかるようになってくるものです。

　ここでは，読者の自由なアレンジや，うまくいかないときの対策の助けとしていただくように，基本的なお菓子の配合比を表にまとめました。洋菓子やパンの配合例はとてもたくさんあり，どれが正解ということはできませんが，ここでは比較的ポピュラーでシンプルな配合を例として，大まかな比率を掲げてみました。

　また，この表を本書のレシピと見比べていただければ，みうた流のお菓子が一般的なものと比べてとてもヘルシーであることが，つくる前から想像していただけると思います。

道 具 編

◎ オーブンなしでもお菓子はできる！

　私のつくる焼菓子のレシピは，ほとんどガスオーブンで焼くための温度や時間で書かれているため，ひょっとしたら読者の皆さんのなかには「オーブンがないからつくれない」とケーキづくりをあきらめている人がいるかもしれません。そのことに気がついたのは，私がある時期，オーブンのない生活を経験してからですから，今までずいぶんのんきだったと反省しています。

　たしかに火力の強いコンベクションタイプのガスオーブン（内蔵されたファンで庫内の温度を均一にすること

で，早く焼き上がる）があれば，大きなパンもケーキも短時間にたくさん焼けるため，つい頼ってしまいます。購入できる方にはぜひおすすめしたいのですが，そうでない方でも，まったく同じとはいわないまでも，それらしくつくる方法を考えてみました。

電気オーブンで

　基本的にガスオーブンと同様に使えますが，電気オーブンは火力が弱い場合が多いので，ケーキがうまくふくらまないような場合は，**記載した温度より高めに設定するとうまくいきます**。上のほうがこげてしまうときは，途中でアルミホイルをかぶせてください。

オーブントースターで

　オーブンはなくてもオーブントースターならある，という人はけっこう多いのではないでしょうか。
　オーブンとちがって庫内が狭く，一度に焼く量は少量になりますが，クッキーやケーキを焼くことができます。
　オーブントースターの機種によっては温度が上がりすぎないようサーモスタットがついているものもありますが，たいていは，一度タイマーを回すと温度は上がりっぱなしで，すぐに庫内が300℃くらいになってしまいます。また，熱源と材料とが接近しているため，上部がこげやすいという難点があります。

これは，温度が上昇したら，扉を時折ちょっと開けて熱を逃がしたり，電源をこまめに切ったりすることで庫内の温度を調節することができます。また，上面にアルミホイルをかぶせてこげすぎを防ぎましょう。

　オーブントースターを使ってお菓子を焼いているときは，つきっきりでようすを見ることが必要ですが，それさえ守れたら，**火力は電気オーブンよりも強いので，マフィンやカップケーキなどはとてもよくふくらみます。**

　レシピに「パウンド型」「丸型」と記載されていても，オーブントースターで焼くときは，小型の紙カップやアルミカップで焼くと，ふくらみやすく上手に焼けます。これは，電気オーブンの場合も同様です。

フライパンで

　英国のウエールズ地方には，ウエルシュケーキというお菓子が伝わっていますが，これは，ベークストーンとよばれる円形のぶ厚い鉄板の上で焼く，クッキーとホットビスケットの中間のような味のお菓子です。生地のつくり方はまるでホットビスケットと同じですが，薄くのばしてベークストーンで焼くと，ちがった味わいが生まれます。

　ベークストーンのかわりに厚めのフライパン，テフロン加工のフライパンなどを使って，クッキー，クラッカーの生地を焼くことができます。この本や『自然派おやつ』のクッキーのレシピも，この方法で焼いてみてください。フライパンを弱火にかけて熱した上に生地をのせ，片面2～3分かけて焼き色をつけ，両面にじっくり火を通します。**外側はパリっとかたく，中はふんわりやわらかく仕上がります。**オーブンのように全体から熱が回るわけではないので，中心部はしっとりとした焼き上がりになりますが，それがこの方法でつくるおいしさのポイントです。

　油分の少ない配合のクッキー，クラッカーの場合は，なるべく薄くのばして，少し時間をかけて焼くとよいでしょう。

　ホットビスケットの生地も思いきって5mmほどに薄くのばし，ふたをして両面をゆっくり焼きます。薄くてもちゃんと同じ味になります。

　スポンジケーキなど卵を使ったケーキの生地は，ホットケーキのように平たく広げてフライパンで焼くことができます。

しっかりしたかためのケーキ生地の場合は，薄く油をひいたフライパンに平たく広げてふたをし，弱火でゆっくりと火を通します。できあがりはややもちもちした食感になりますが，ちゃんと火が通っています。何枚か焼いて，クリームやジャムをはさむとレヤーケーキ（段々ケーキ）もつくれます。

蒸し器で

ボリュームのあるふっくらした形にしたいなら，マフィンや油脂の少ない配合のケーキ生地は，蒸し器を使って火を通すこともできます。**蒸しパンのように弾力のあるしっとりとした味わいになります。**

蒸し時間は，
・8号のカップ（底直径5cmくらいのカップ）に8分目まで生地を入れた場合……10〜15分
・長さ20cmのパウンド型に8分目まで生地を入れた場合……約30分
・15cm×15cmくらいの流し函に8分目まで生地を入れた場合……30〜40分
を，めやすにしてください。いずれも蒸気の立った状態の蒸し器に入れてからの時間です。

油で揚げて

ドーナツ生地，シュー生地，パン生地は油で揚げられる配合です。

シュー生地は，揚げ油を深さ2cm以上なべに入れ，180℃に熱したところへ，しぼり袋に入れた生地を直接しぼり出し，ナイフで切って落としながら揚げていきます。直径1cmの口金の場合，3cm幅で切っていくと，丸いプチシューができます。

生地の両面がきつね色になったら網などですくってバットに取り出し，余分な油を切ります。粉砂糖やメープルシロップなどをかけていただきます。

みうた流ヘルシーおやつ講座

学校給食で出た，きなこシュガーをまぶした棒状の揚げパンに郷愁を覚える人も多いのでは。パン生地を揚げて簡単につくることができます。

　パン生地は1個40gほどに分割し，細長く棒状にのばして，仕上げ発酵させます。発酵が終わったら，180℃の油に入れて，箸でころがしながら両面を香ばしく揚げます。卵の入っているパン生地だと，おもしろいようにぷーっとふくらみます。網などに取り出し，好みで粉砂糖などをまぶしていただきます。

　甘くするだけでなく，野菜や肉でつくった具や，おかずの残りなどをパン生地で包んで揚げると，ごちそうおやつに変身。また，平たくのばしたり，細長く形づくったりしたパン生地を素揚げして，生野菜，ゆで卵，スモークサーモンなどをはさむのもおいしいし，塩とこしょうをかけるだけでも，おしゃれな味が楽しめます。

　また，油分の少ないクラッカー，カンパン風のクッキー生地なら油で揚げることでボリュームのあるおやつになります。フライパンに1cmほど油を入れて，平たくのばした生地を入れ，ゆっくり両面を揚げていきます。

　「この本では油をひかえめに配合したレシピが主流なのに，油をたっぷり使う揚げたおやつがあるのはどうして？」と思われるかもしれませんね。ふだんは油をひかえた食生活をしていても，ときには油をたっぷり使った食べものも，味覚を適度に刺激し，おいしいものです。私などは，元気がなく，何も食べる気になれないとき，揚げものなら食べられる，ということもあり，活力をつける食べものとして，たまの楽しみに利用しています。

　また，育ちざかりの子どもたちにも，家庭で手づくりのあつあつを味わう楽しさを体験させたいと思います。家庭で手間をかけて揚げてもらった香ばしい揚げものの味は，ずっとあとになってもなつかしさとともに思い出す，わが家の味になるでしょう。

〈必ずお読みください〉

〜この本のレシピの見方〜

- 材料表にただ「小麦粉」とあるときは，薄力粉か中力粉（地粉）を。「全粒粉」は薄力か中力の細びき全粒粉を使用。
- 材料表にただ「砂糖」とあるときは，洗双糖，花見糖，三温糖などを。
- 材料表にただ「バター」とあるときは，有塩バターを使用。有塩マーガリンで代用してもOK。
- マーガリンはバターで代用してもOK。
- 材料表に「すりおろした○○」とあるときは，すりおろしたままの重さをはかります（水分はしぼりません）。
- 型にぬる油は，基本は植物油ですが，さらに粉をはたく場合には，マーガリン，バター，ショートニングなどの固形の油脂を。はたく粉は中力粉か強力粉を。いずれも材料表には入っていません。
- 台の上で生地をこねるときの打ち粉や手粉，揚げもの用の揚げ油は，材料表に入っていません。
- オーブンは使う10分前（だいたいお菓子をつくり始める前）に点火して，予熱しておきます。
- オーブンの焼き時間は，コンベクションのガスオーブンを基準にしています。電気オーブンの場合は，もう少し時間がかかるでしょう。
- 各レシピについているマークの意味は以下のとおりです。

```
                          レシピに含まれていない材料
                         ┌──────────────────┐
                         ( 油  )( 砂糖 )( 卵 )( 牛乳 )
  にんじん                ( なし )( なし )( なし )( なし )
  スティック              ( オーブン )
                          すりおろす ────────┘
      │           │           │
   おもな道具   メインとなる野菜の処理方法
```

～この本のパン生地のつくり方～

＊この本に出てくるパンは，ふつうのパンのように力いっぱいこねなくてもできる，簡単なものばかりです。でも，野菜のピュレやペーストを加えるものが多く，かなり特殊な配合になっていますので，生地の水分を調節するのにちょっとしたこつが必要です。

①大きなボウルを用意します（直径27cmの深めのものが使いやすい）。
②粉をはかって（ふるわなくてOK），イースト，塩を入れて混ぜ合わせます。
③別のボウルで，水分となる材料（水のほか，野菜のピュレやペースト，ハチミツなど）を混ぜ合わせます。このとき，水は，分量全部を入れてしまわず，まず80〜85％くらいの量を混ぜるようにします。残りの15〜20％の水は，とっておきます。
④粉のボウルに，③を入れて手でこね始めます。ふつうのパンのように必死で長時間こねる必要はありません。野菜の水分が生地をしっとりやわらかくしてくれます。
　生地がかたくてこねにくいときは，とっておいた水を少しずつ加え，生地のようすを見ながらこねます。はじめは粉っぽく感じても，水を入れすぎると，こねている間にべたつき始め，あとで粉を足さなければならなくなるので，くれぐれも少しずつ加えましょう。
　5〜10分こねて，生地につやが出てなめらかになり，ひとまとまりになってきたらこねあがりです。
⑤こねあがったら，ボウルに入れてパンマットをかけ（生地に直接つかないように），その上にかたくしぼったぬれぶきんをかけて，40℃くらいに保温して発酵させます。パンマットはパンづくり専用のキャンバス地で，製菓用品店などで手に入ります。ないときは，かわいた厚手の布で代用できますが，とにかく生地の乾燥が防げればいいので，ぬれぶきんをかけた上からラップをふわりとかけるのでもOKです。
　保温方法は，ガスオーブンの余熱を利用したり，生地を入れたボウルを40℃のお湯をはったボウルに浮かべたり，こたつの中を利用したり（高温になりす

ぎないように注意)、工夫してください。夏場(室温28℃以上)なら常温で。

⑥発酵のめやすは、2〜3倍にふくらんだくらい。発酵時間やふくらみ方はパンによってちがうので、それぞれのレシピを見てください。指に小麦粉をちょっとつけて、まん中に穴をあけてみます。すっとへこんできれいな穴があき、穴が元に戻らないようなら発酵終了。これをフィンガーテストといいます。穴をあけてもすぐ戻ってしまうようなら、そしてさわった感じがまだかたいようなら発酵不足です。もう少し時間をおいてみましょう。へこんだ穴のまわりから、がさっと生地が落ち込んできたら発酵させすぎです。でもこの本の配合なら、焼いてもそんなに変な味にはなりません。ご安心を。

⑦1回の発酵だけで焼くパンは、このあとすぐに焼きます。2回発酵させるパンは、1回発酵させたあと、ガスぬき(手でつぶす)をして分割し、5〜10分くらい休ませてから(これをベンチタイムといいます)、まるめて成形または型入れしてもう一度発酵させます。これを仕上げ発酵といいます。温度は一次発酵のときと同じです(⑤参照)。ベンチタイムや仕上げ発酵の間も、生地が乾燥しないように、パンマットとかたくしぼったぬれぶきんをかけます。

　仕上げ発酵終了のめやすは、すみっこをちょっとさわってみて、マシュマロみたいにふんわりしていて、さわったところがすっとへこんだ状態になったらOK。まん中をさわるとパンの形が変になるので、目立たないところを選んでください。

　〈注意〉
　　野菜や果物の水分は、季節や品種、ゆで加減などによって変わってきます。野菜のピュレやペーストなどを入れるパンでは、レシピの粉や水の量はあくまでめやすと考えて、つくるたびごとに生地の状態を見ながら加減するようにしてください。

～この本のパイ生地のつくり方～

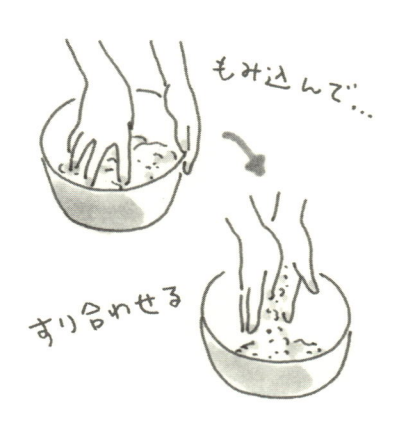

①小麦粉を粉ふるいでふるってボウルに入れます。

②冷たいバターを1cm角に切って（植物油を使う場合はそのまま）加え，手でもみ込むようにして粉に混ぜ込んでいきます。すり合わせるようにもんでいくと，粉と油脂が完全に合わさり，アーモンドの粉のようなサラサラの状態になります。

③中央にくぼみをつくって中に塩を入れ，そこへ冷水を少しずつ加えて指で塩をとかします。水が全部入ったら，木べらでまわりから粉を少しずつくずしながら混ぜていきます。粉と水が全部混ざったところで（このときは少し粉っぽさが残っていますが，水は足さないこと）手で四角く形づくり，押しかためます。

④打ち粉（強力粉）を薄くふった台に取り出し，スケッパーか包丁で生地を半分に切って重ねます。手でぎゅっと押さえて最初の大きさに広げます。これを7～8回繰り返します。生地を何度も重ねることでパイ生地の層ができるのです。

⑤できたパイ生地をラップに包んで冷蔵庫で30分ねかせます。この状態で2日くらいは大丈夫。長期間保存させたい場合は，パイ皿1枚分ずつカットしてラップで包み，冷凍庫に入れます。

⑥打ち粉（強力粉）をふった台に取り出してめん棒でのばしていきます。パイ

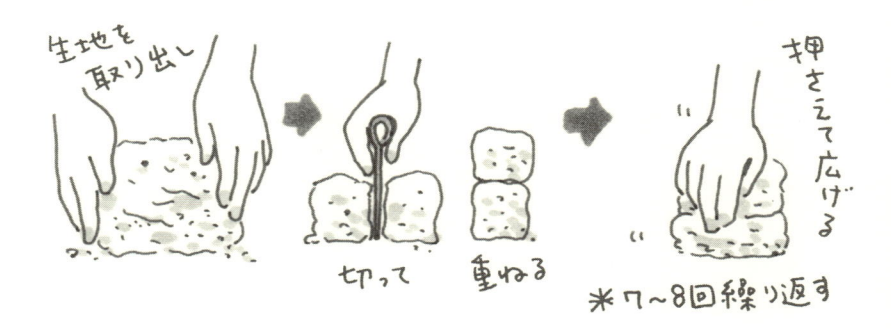

皿の大きさに合わせて正方形または円になるようにむだなくのばしましょう。
1回のばすごとに生地をめん棒に巻きつけて台に粉をふり，生地をひっくり返してまたのばすというように表裏交互にのばすと，生地が台にべったりはりついたりしないでうまくのばせます。
⑦最後にめん棒にくるくる巻きつけてパイ皿の上に移し，型にぴったりときれいに敷き込みます。型からはみでた生地は切り落とします。
⑧生地のふくらみ方を均等にするためにフォークで空気穴をあけていきます。これを製菓用語でピケといいます。
⑨フィリングをつめる前に空焼きする場合は，焼いている途中に生地のまん中がふくらんでしまわないように（ふくらんでしまったらフィリングを入れる場所がなくなってしまいます！），重石をして焼きます。あずきやお米をのせることもありますが，いちばん簡単なのはひとまわり小さいパイ皿，または陶器や耐熱ガラスのお皿をのせること。予定の時間の半分ほど焼いて，生地のまわりがほんのり色づいてきたところで重石を取り除き，底のほうにもまんべんなく火を通します。

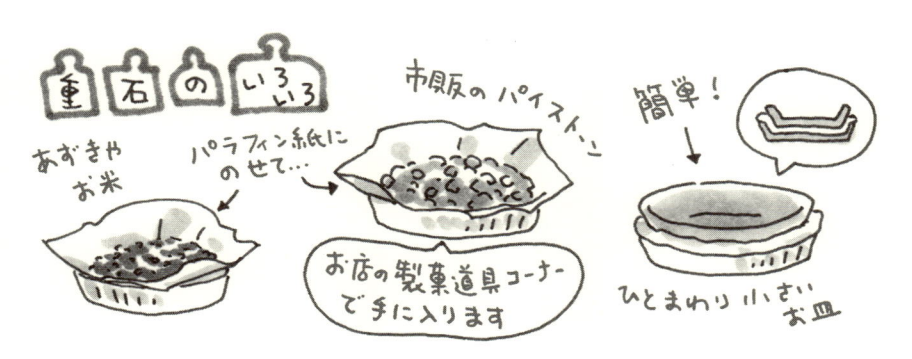

ピケ

重石のいろいろ

あずきやお米

パラフィン紙にのせて…

市販のパイストーン
お店の製菓道具コーナーで手に入ります

簡単！
ひとまわり小さいお皿

1
隠れた甘さを引き出して，お砂糖いらず
根菜たっぷりおやつ

根菜のおやつ◎楽しみ方のヒント

　ひと口に根菜といっても，野菜ごとに個性はいろいろです。比較的よくお菓子に使われるのはにんじんですが，だいこんももっとお菓子やスナックに活用できる素材だと，今回試作をしていて実感した野菜のひとつです。

　ごぼうやれんこんのおやつも，目先がかわって楽しいもの。

　素材の特長をよーく見分けて，もち味を生かした使い方を！

●にんじん，だいこん

ゆでて つぶして

　ゆでると甘みの増す根菜ですから，やわらかくゆでてつぶし，ケーキやパンの生地に混ぜ込むことができます。入れすぎるとうまくいかないので，小麦粉500gに対して野菜100gくらいまでにするのが無難です。また，ゼリーなどの冷菓に混ぜ込むこともできます。

　少量の場合はすり鉢でつぶすのが手軽です。フードプロセッサーがあれば，200gくらいの量はまとめてつぶせて便利です。

　ミキサーを使う場合は必ず水分を加えましょう。野菜の半量くらいは水分が必要です。そのあとでおやつに混ぜ込むので，混ぜ込むおやつのレシピの中にある水分（水，果汁，牛乳など）を加えるようにします。混ぜ込むときに，ピュレに加えた水分の量をレシピから引くのを忘れずに。

すり おろして

　とくににんじんは，生のままでも甘みがあり，暖かい色合いとあいまって，洋菓子にも市民権を得ているおなじみの野菜です。クッキーなどに混ぜ込む場合，量が多すぎると焼き上がりがべたついたり，内部がもち状になってしまうので，小麦粉の量の3分の1以下に抑えましょう。パン生地に混ぜ込んでもおいしいもの。このときは小麦粉に対して1～2割くらいの量がめやすです。

おまけレシピ フレッシュにんじんスティック，だいこんスティック

　にんじんは甘みがあっておいしい野菜。そのままスティック状にカットしてパリパリ食べます。ヨーロッパでは一般的な子どものおやつアイテム。だいこんもおいしいものです。

おまけレシピ 焼きにんじん，焼きだいこん

　冬場ならストーブの上で，アルミホイルに並べたにんじん，だいこんを焼きます。しんなりとして甘みが出たところで，塩，こしょう，マヨネーズ，酢じょうゆなど

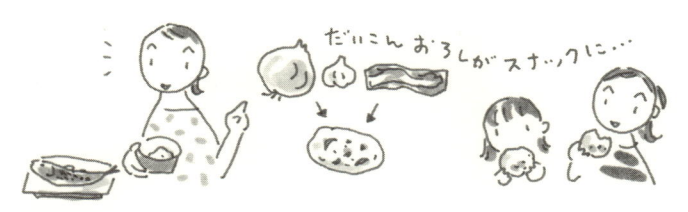

好みの調味料をつけて食べます。

> **おまけレシピ** **だいこんのスナックパン**

夕食の焼魚のだいこんおろしがあまったとき、イーストと小麦粉を加えてこねてみてください。にんにく、ベーコン、たまねぎなどと相性がよく、混ぜ込んで平たくのばして焼くとスナックになります。大きく焼いてスライスし、チーズやハムをのせてもくせのあるだいこんの香りがうまく生かされておいしいものです。おやつは甘いものという先入観はなくして、ときにはカナッペ風おやつも、子どもは予想以上に喜びます。小さく切って盛りつけると食べやすい。

●れんこん

中国でははすの実とともに薬効のある野菜として、料理にも菓子にも出番の多い野菜です。

> **すりおろして**

れんこんにはデンプン質が多いので、すりおろしれんこんに熱を加えると、かたまるのが特徴です。ほかの根菜にはないもっちりとした食感が楽しめます。

パン、ケーキなどに混ぜ込むときには汁ごと使用。この場合、混ぜ込むレシピの水分の全体量から、すりおろしれんこんの量を引いてつくるようにしてください。混ぜ込む量は、やはり小麦粉500gに対して100gくらいまでがよいでしょう。

だんごなどの生地に混ぜる場合は、生地全体が水っぽくならないように、汁をかるくしぼって加えます。しぼりすぎるとれんこんのうまみも逃がしてしまうので気をつけて。

> **おまけレシピ** **れんこんだんご**

すりおろしたれんこんを片栗粉でつないでだんご状にまるめると、調理の素材としていろいろに使えます。油で焼いたり揚げたり

1 根菜たっぷりおやつ

したれんこんだんごに黒砂糖やハチミツをからめたり，さらにきざんだピーナッツ，松の実，くるみなどをまぶしたりすると中華点心風になります。

おまけレシピ れんこんのスナック風

すりおろしたれんこんに，にんじんのすりおろしやひき肉を混ぜたあんをつくり，ぎょうざやしゅうまいの皮に包んで焼いたり蒸したりすると，スナック風のおやつになり，子どもは大喜びします。

おまけレシピ のどに効くれんこん汁

すりおろしれんこんのしぼり汁にハチミツを混ぜて飲むと，のどの炎症に効果があります。

おまけレシピ れんこんチップス

薄切りにして，両面をキッチンペーパーなどで押さえて余分な水分を取って素揚げすると，れんこんチップスに。塩少々をふりかけてどうぞ。

おまけレシピ れんこんの甘煮

れんこん1節の端を切り，穴に洗ったもち米をつめ，シロップで甘く煮ると中国の点心のような上品な一品に。

●ごぼう

個性的な姿と香り，食感を味わうたびに，自然と共存してきた日本独特の野菜だとしみじみ感じます。香りと歯ごたえをこわさないように調理することが大切。甘さと口あたりのまろやかさを追求する菓子には不向きな素材ですが，このハードな味わいを軽食や甘くないおやつに取り入れたいと考えます。

細かく切って 肉まんや野菜まんじゅうのあんに加えます。強い野生の香りは，牛や豚のひき肉にとてもよく合います。オイスターソースやウスターソースなど，うまみの強い調味料をうまく使うと個性的な点心ができるでしょう。

おまけレシピ ごぼうの揚げもの

細長く切って天ぷらや素揚げにし，塩でいただく。油との相性のいい野菜です。南九州には，千切りのごぼうとさつまいもを小麦粉でつないで油で揚げたおやつがあります。ダイナミックで素朴な味わいです。

にんじんスティック

油なし　砂糖なし　卵なし　牛乳なし

オーブン

すりおろす

かたいおやつは歯をじょうぶにします。油なし，砂糖なしなのでカロリーひかえめ。ダイエット中でも気楽につまめます。

●材　料　　　〔1.5cm幅，長さ15cmのもの約38本分〕

A
- すりおろしたにんじん　100g（中1本分）
- 水　100cc
- ハチミツ　大さじ2

- 強力粉　200g
- 薄力粉　100g
- 全粒粉　50g
- 上新粉　50g
- 重そう　小さじ1/4
- ドライイースト　小さじ1/2
- 塩　小さじ1
- 白ごま　大さじ1

●作り方

① A以外の材料を全部混ぜ合わせる。

② 別の容器でAを混ぜ合わせる。

③ ①に②を加えて，木べらかゴムべらで混ぜ合わせ，ひとまとめにする。

④ かるく打ち粉をした台に取り出し，手で押しつけては2つに切り，またそれを重ねて押しのばすことを繰り返す。このようにして数分こねる（あとで乾燥焼きにするので水分は少なめになっている）。

⑤ 材料が全部均等に混ざり，ねばりが出てきたら，ひとつにまるめる。ビニール袋に入れて空気をぬき，口をかるくしばって室温で2時間ほど休ませる。

⑥ 約2倍にふくらんだら，めん棒で厚さ3mmにのばし，1.5cm幅のスティック状に切る。

⑦ 180℃のオーブンで約10分焼く。火を止めてそのまま冷めるまでおき，オーブン内で乾燥させる。

- ◆全粒粉と上新粉を加えることで，香ばしさとこくをプラスしています。薄力粉と全粒粉は，比率を逆にしてもOKです。
- ◆乾燥させておくと，日もちがします。カンに入れて常備のおやつに。
- ◆マーガリンをつけて食べるととても食べやすい。

ヘルシー にんじんクッキー

（砂糖なし）（卵なし）（牛乳なし）
（オーブン）

すりおろす

卵，乳製品をまったく使っていないのにサクサクおいしい。子どもにも好評です。にんじんの甘みがあるからノンシュガーでも大満足。

●材　料　　　　　　　　　　　　　　〔天板2枚分〕

すりおろしたにんじん　約60g　　　ハチミツ　大さじ2
薄力粉　200g　　　　　　　　　　塩　ひとつまみ
重そう　小さじ1/5　　　　　　　　レモン汁　小さじ2
オリーブオイル　大さじ2

●作り方

① 薄力粉と重そうは合わせてふるっておく。
② 薄力粉と重そう以外のすべての材料をボウルに入れ，混ぜ合わせたところに①を加え，粉気がなくなるまで木べらでよく混ぜてひとつにまとめる。
③ 打ち粉をした台にとり出し，めん棒で厚さ2〜3mmにのばし，好みのクッキー型でぬく。
④ オーブンシートをしいた天板に③を並べ，180℃のオーブンで約10〜12分焼く。中心までカリカリに乾燥させたい場合は，そのまま火を止めてさめるまでオーブン内で乾燥させるとよい。

オーブンで乾燥させるとカリカリに仕上がるのよ

◆水分の量が足らず，まとまりにくい場合は，すりおろしにんじんを足してください。
◆オリーブオイルは，好みの植物油にかえることもできます。

にんじんホットケーキ

(砂糖なし) (フライパン)

すりおろす

さっぱりした味わいのふわふわケーキ。だから，バターやシロップがとてもよく合うのです。そのまま食べてももちろんおいしい！

●材　料　　　　　　　　　　　　　　　〔大2枚分〕

すりおろしたにんじん　50g　　とかしバター　10g
薄力粉　200g　　　　　　　　卵　1個
ベーキングパウダー　小さじ2　ハチミツ　大さじ1
豆乳または牛乳　50cc　　　　塩　ふたつまみ
水　約150cc

●作り方

① ボウルに卵を割りほぐしたところへ，ハチミツを加えて混ぜ，豆乳，すりおろしたにんじん，水，塩も入れて混ぜ合わせる。
② 薄力粉とベーキングパウダーを合わせてふるい，①に加え混ぜ合わせる。
③ ②にとかしバターを加えて混ぜ，ぬれぶきんをかけて室温で15～30分間休ませる。
④ フライパンを熱して油をひき，生地の半量を流してふたをし，弱火でゆっくり焼く。表面がかわいてきたらひっくり返して両面を焼く。残りの半量も同様に焼く。

落ちつくり

◆ 生地をしばらく休ませるのは，落ちつかせるため。粉と水分がなめらかによく混ざり合い，つくりやすくなるんです。

1　根菜たっぷりおやつ

にんじんのクールパイ

→カラー口絵

砂糖なし　卵なし　オーブン

ゆでる➡ミキサー

テーブルで切り分けたパイがなくなるのに数分とかかりません。子どもにも大人にも，その口あたりのよさは実証ずみ。こんなににんじんが入っているのにね。

●材　料　　〔直径20cmのパイ皿1枚分〕

<パイ生地>
薄力粉　120g
バター　30g
水　約50cc
塩　ふたつまみ
<フィリング>
ゆでたにんじん　100g
水　100cc

ハチミツ　大さじ2
レモン汁　小さじ1
すりおろしたレモンの皮　1/2個分
グランマルニエなどのオレンジリ
　キュール　小さじ1
｛粉寒天　2g（小さじ1）
　水　100cc
　牛乳　100cc

●作り方

① p.34〜35の①〜⑨を参照してパイ生地をつくり，200℃のオーブンで18〜20分間空焼きし，さましておく。
② フィリングをつくる。ゆでたにんじん，水，ハチミツ，レモン汁，すりおろしたレモンの皮をミキサーにかけ，ピュレにする。
③ 粉寒天に分量の水を加えて煮とかし，牛乳，②，グランマルニエなどのオレンジリキュールを加えてよく混ぜる。
④ 空焼きしたパイ皮に③を流し入れ，冷蔵庫で冷やしかためる。

◆粉寒天は，水を加えて火にかけたら，木べらでかき混ぜながら吹き上がるまでしっかり沸騰させましょう。沸騰が十分でないと，寒天が完全にとけきらず，かたまらないことがあります。

だいこんもち

→カラー口絵

油なし 砂糖なし 卵なし 牛乳なし
蒸し器

きざむ ➡ 塩もみ

色白の肌に赤や緑がちらちら見え隠れする美しいおもちです。だいこんがどっさり入っているなんて思えないやわらかさ。

●材　料　〔直径5cm×長さ10cmのもの2本分〕

- だいこん　200g
- 塩　小さじ1
- 万能ねぎ　20g（7～8本）
- 白玉粉　50g
- 上新粉　100g
- 水　約100cc
- ベーコン　2枚
- さくらえび　大さじ2
- ハチミツ　小さじ1
- 塩　小さじ1/4
- こしょう　少々

●作り方

① だいこんを太めのマッチ棒大に切り，分量の塩をふって30分ほどおき（長時間おきすぎないこと），しんなりしたら，水で洗って水気をしぼる。
② 細ねぎは小口切りにする。
③ 白玉粉に水100ccを加えてどろどろにとき，ここに少しずつ上新粉を混ぜていく。ややパサパサ感の残る状態になったところで①，②を加え，ほかの材料も混ぜ込む。
④ 生地を2等分し，それぞれ直径5cm，長さ約10cmの棒状に形づくる。
⑤ 1本ずつクッキングシートで包み，両端を輪ゴムで結んで，蒸し器で30分間蒸し上げる。
⑥ 粗熱がとれたらクッキングシートをはがし，1cm厚さの輪切りにする。

◆クッキングシートのまま冷蔵庫に入れて，冬場なら3～5日は保存できます。さめてかたくなったら油を薄くひいたフライパンで両面を焼いてもおいしい。

だいこんの平パン

砂糖なし　卵なし　牛乳なし
オーブン

ゆでる➡つぶす

できたての皮のパリッとしたところがおいしい。はつかだいこんやマヨネーズを添えてランチやビールのつまみにも。

●材　料　　〔直径15cmのもの4枚分〕

だいこん　200g
たまねぎ　1/4個（50g）
ベーコン　2枚（20g）
強力粉　300g
ドライイースト　小さじ1
オリーブオイル　小さじ1
塩　小さじ1/2
飾り用粗塩（あれば）　少々

●作り方

① だいこんは皮つきのまま薄切りにし，やわらかくゆでてざるにあげ，すり鉢などでつきつぶしておく。完全にペースト状でなくてよい。

② ベーコンは細切り，たまねぎは粗みじん切りにして，ベーコンの脂でしんなりとするまでいため，さましておく。

③ ボウルに強力粉，ドライイースト，塩を入れて混ぜ合わせ，①を加えて手で混ぜ，ひとかたまりにする。

④ ③に②を加えて混ぜ合わせ，オリーブオイルを加えながら10分こねる。なめらかな生地になったらまるめて，p.32～33の⑤，⑥の要領で一次発酵させる。

⑤ 生地をガスぬきして4つに分割してまるめ，ベンチタイムを5分とる（p.33の⑦参照）。

⑥生地が落ちついたら平たくのばして，約20分仕上げ発酵させる。
⑦めん棒を使って直径15cmに薄くのばす。発酵し終わったらところどころに指でくぼみをつくり，粗塩をかるくふって，200℃のオーブンで12分焼く。

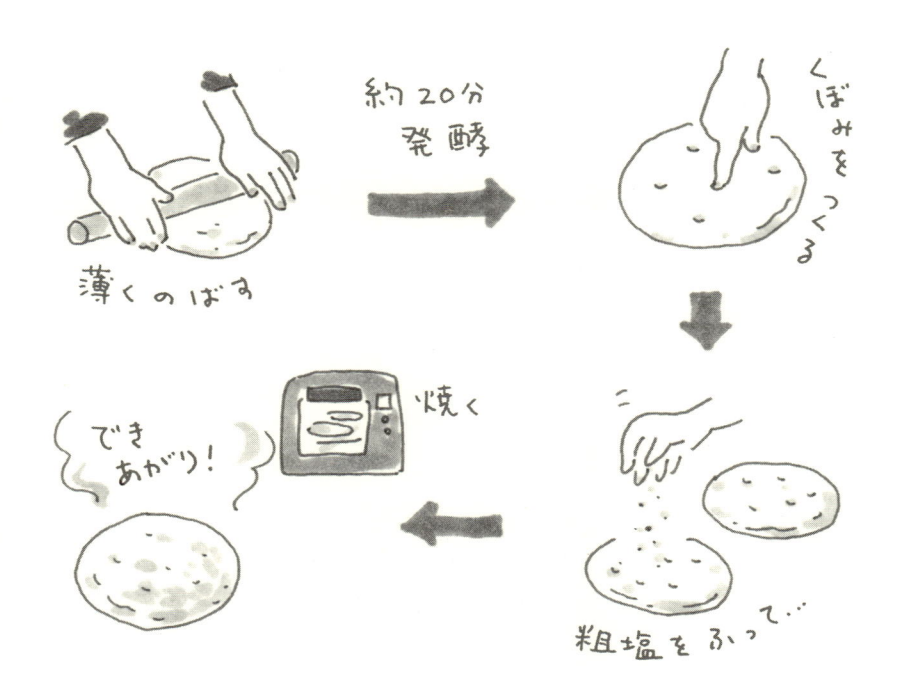

薄くのばす → 約20分発酵 → くぼみをつくる → 粗塩をふって… → 焼く → できあがり！

だいこんおろしの残りがあれば利用してね

◆なんといっても焼きたてがいちばんおいしい。さめたら，オーブントースターなどでかるくローストして，皮がカリッとなったところをめしあがれ。
◆だいこんおろしの残りをゆでだいこんのピュレに加えて，合わせて200gにしてつくることもできます。

1 根菜たっぷりおやつ

根菜味噌まんじゅう

砂糖なし　卵なし　牛乳なし
蒸し器

きざむ ➡ いためる

ごぼうとそばの香りがひなびた味わい。あんも皮も薄味なので，いくらでも食べられます。

●材料　〔10個分〕

<皮>
強力粉　200g
そば粉　50g
ドライイースト　小さじ1/2
水　約80cc
ごま油　少々
塩　ひとつまみ
<あん>
ごぼう　50g
にんじん　30g
鶏ひき肉　50g
ごま油　小さじ1
味噌　小さじ1
酒　小さじ1
みりん　大さじ1
{ 片栗粉　小さじ1
　水　大さじ3

●作り方

① 皮の生地をつくる。小麦粉，そば粉，塩，イーストを混ぜ合わせた中に，水を加えて手でこねる。なめらかになったら，丸く形を整え，ごま油をぬって，約1時間一次発酵させる（こね方や発酵のさせ方は p.32～33 を参照）。

② 発酵させている間にあんをつくる。ごぼう，にんじんは，みじん切りにする。

③ フライパンを熱して油をひき，鶏ひき肉をいためる。ごぼうとにんじんを加えてよくいため，水少々（分量外）でといた味噌を加えて煮る。

④ 酒，みりんで味をととのえ，最後に分量の水でといた片栗粉を加えてとろみをつける。

⑤ 発酵の終わった生地を10等分してまるめ，ぬれぶきんをかけて5分ほど休ませる。

⑥ 生地を手で丸くのばし，あんを小さじ1杯ずつのせて包んでいく（包み方のこつは右のメモ参照）。

⑦ 蒸気の上がった蒸し器に並べ，強火で約10分蒸す。

◆分割した生地は，中央を厚く，まわりを薄くのばし，あんを中央にのせて包むようにすると，うまく皮の厚さを均一に包むことができます。

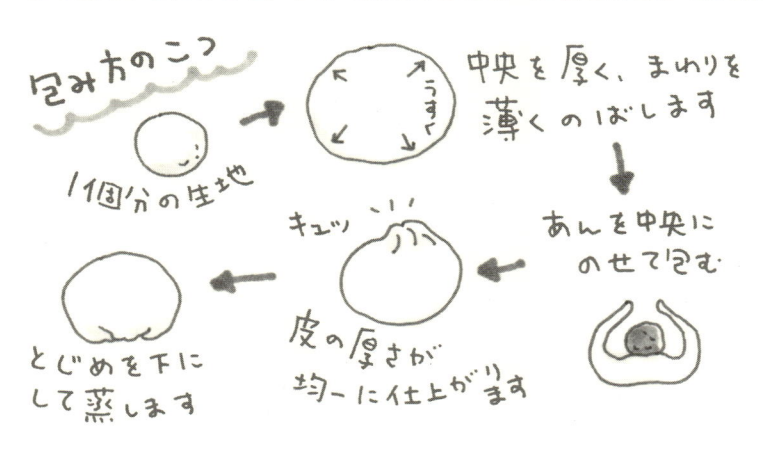

包み方のこつ

1個分の生地 → 中央を厚く，まわりを薄くのばします

↓

あんを中央にのせて包む

↓

キュッ！！　皮の厚さが均一に仕上がります

↓

とじめを下にして蒸します

1　根菜たっぷりおやつ

ごぼうソフトビスケット

➡カラー口絵

砂糖なし　牛乳なし　オーブン　切る

ビスケットの上にまで、ごぼうがにょきにょき顔出して、うれしい形になりました。しゃりしゃりとして香ばしく、やさしい甘さがあとをひきます。

●材　料　〔16本分〕

ごぼう　70g
薄力粉　150g
重そう　小さじ1/4
水　大さじ1〜2
植物油　小さじ1
卵　1/2個
ハチミツ　大さじ1
塩　小さじ1/5
酢　小さじ2

●作り方

① ごぼうは、長さ4cmほどに切り、マッチ棒の太さに切りそろえて酢水（分量外）に1分くらいさらし、あくぬきする。
② 薄力粉、重そうは合わせてふるう。
③ 卵、ハチミツ、植物油、酢、水を混ぜ合わせたところへ②を加えて混ぜる。やや粉っぽさが残る程度に混ぜたら、水気を切った①を加え、混ぜ合わせていくと、ごぼうの水気で粉気がなくなる。
④ 生地がなめらかになったら、打ち粉をした台に取り出して平たくのばし、幅2cm、長さ8cmほどの長方形にカットする。
⑤ オーブンシートをしいた天板に並べ、180℃のオーブンで10〜12分焼く。

◆ごぼうは、水につけすぎると香りがぬけてしまうので、なるべくつくる直前に切りましょう。

2

蒸しておろして，ほくほくもちもち
いもたっぷりおやつ

おいものおやつ◎楽しみ方のヒント

　おいもの魅力は，なんといってもほくほくっとした食感です。また，さつまいもは色もきれいで甘みもたっぷりなので，おやつにぴったり。蒸したりゆでたりするだけでおやつになるけれど，いろいろ形をかえておいもを楽しむのもいいものですよ。
　やまいもやさといもは，おやつとは無縁のようですが，そうでもありません。パンやケーキにだって使えるのです。

●じゃがいも・さつまいも

ゆでてつぶして　いもをゆでてやわらかくし，熱いうちに皮をむいてすり鉢などでつぶし，ペースト状にします。ゆでたもののほかに，焼いたり蒸したりしたいもでもいいのです。この，おいもペーストはとても応用がきいて便利です。

・パン生地に混ぜ込む。もちっとした食感がおいしい。入れすぎると，もちもちしすぎてふくらみがわるくなるので，粉500gに対して150gくらいまでにしましょう。少なめからお試しを。

・クッキー生地に混ぜ込む。ペーストの含有量によって，味も食感もいろいろの，何種類ものレシピができるでしょう。これもパンと同様，よくばって入れすぎないこと。粉の半量以下をめやすにいろいろ試してください。

・クリームをつくる。さつまいものマッシュに，ハチミツ，メープルシロップ，水あめなどの流動性の甘みを加えると，やわらかくてとろーっとしたクリー

おいもペーストの利用法いろいろ

パン生地に — もちっとしておいしい

クッキー生地に — 味も食感もいろいろに…

クリームにする — さつまいもの黄金色がきれい

ムができます。さらに塩ひとつまみで甘みをひきたてます。そのまま食べたり，パンにつけたり。ケーキのデコレーションに使っても，黄金色がきれいです。でもかたまりやすいので，つくったらすぐぬりましょう。

すりおろして　じゃがいもをすりおろしたものに小麦粉や上新粉，だんご粉などを混ぜると，ひと味ちがっただんごやおやきの生地ができます。ゆでたり焼いたり火を通すと，じゃがいものデンプン質のせいでもっちりとして，食べごたえ満点。だんごなどは，やわらかく，つるり

すりおろしたおいもは…

じゃがいも — おやきに／糸状にけずったものもおいしい／韓国やドイツのポテトのおやきはこちらが一般的

さつまいも — かたくておろしにくいけど…／汁ごと，小麦粉やもち粉と混ぜてだんごに

やまいも — パン生地やまんじゅうに混ぜ込んでかるかん風の味わいに…／しっとりした食感です

2 いもたっぷりおやつ

とのどごしもいいのです。

　じゃがいもは水分が多くておろしやすいのですが，さつまいもはちょっとやりにくいようです。

角切りで　皮つきのままサイコロに切り，生のまま蒸しパンの生地に加えて蒸すと，ほくほくの蒸し上がり。小麦粉と水だけで生地をつくる，p.62 の「石垣もち」ならとっても簡単。あっというまにできます。じゃがいもでつくると甘さがほとんどないので，スナック系のおやつになりますね。蒸しパン以外にも，焼き菓子やパンケーキなど，手軽に何にでも混ぜてみましょう。ごつごつとした見た目もおもしろいのです。

> **おまけレシピ**　焼きいも

　まるごと，オーブンまたはストーブの上で気長に焼きます。おいしい焼きいものできあがり。

> **おまけレシピ**　ふかしいも

　焼きいももおいしいけれど，ふかしいももまたいいものです。大きいものは適当に切ってふかすといいでしょう。とくに無農薬有機栽培のいもは風味がとてもよいので，ふかすだけのシンプルなおいしさをぜひ味わってください。

> **おまけレシピ**　ポテトチップス

　ポテトチップスは買うもの，と思っていませんか。極薄にスライスしたおいもを揚げるだけですから，家でも立派につくれます。さつまいもでつくる，おさつチップスがこれまたおいしいのです（p.56 参照）。塩分の強すぎる市販のものより安心だし，何より揚げたてのおいしさは格別。ちょっと厚いのが混ざっていたりするのも，手づくりならではの楽しみなのです。

●やまいも

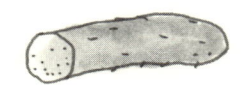

すりおろして
すりおろしたものをケーキやパンに混ぜ込むと，しっとりした食感が生まれます。じゃがいもやさつまいもの，もちもち，ほくほくした感じとはまたちがった，ちょっと軽めの不思議なおいしさ。粉500gに対して100gくらいまでをめやすに，ぜひ試してみてください。

●さといも

ゆでてつぶして
ゆでたさといもの皮をむいてつぶし，パン生地に混ぜ込むと，しっとりしたおいしいパンができます。さといもが入ると生地がやわらかくなって，こねやすいのもいいのです。でもやっぱり入れすぎにはご注意を。粉500gに対して100gくらいまでが安全でしょう。

おまけレシピ　きぬかつぎ
皮のままゆでて，皮をむきながら食べる「きぬかつぎ」は昔からの定番おやつ。塩で食べるほか，酢じょうゆもおいしい。

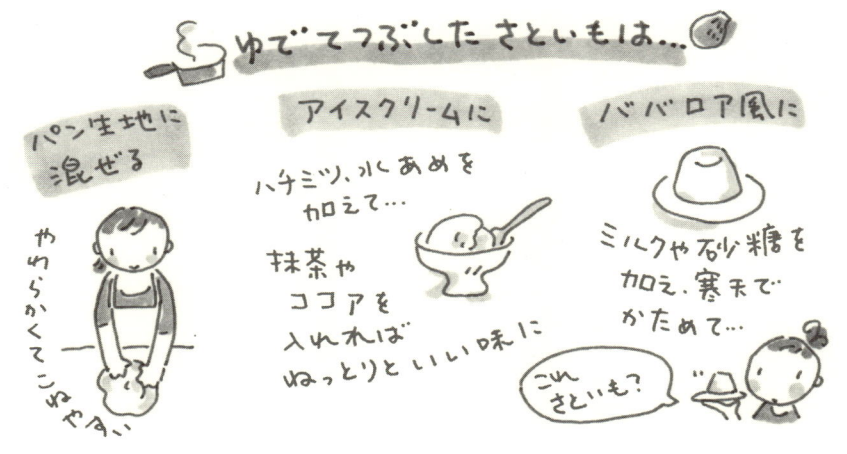

ゆでてつぶしたさといもは…

パン生地に混ぜる
やわらかくてこねやすい

アイスクリームに
ハチミツ，水あめを加えて…
抹茶やココアを入れればねっとりといい味に

ババロア風に
ミルクや砂糖を加え，寒天でかためて…
これさといも？

2　いもたっぷりおやつ

おさつチップス

卵なし 牛乳なし
揚げなべ
切る➡揚げる

所要時間 30 分。買ってくればあっという間だけど，手間をかけた分，子どもの笑顔がまぶしいのです。お家で手づくりの味をおためしあれ。

●材　料　〔大皿 1 枚分〕

さつまいも　中 1 本　　　　　　粉末黒砂糖　適宜
揚げ油　適宜

●作り方

① さつまいもはごく薄切りにし，塩水（分量外）にさらしてから，キッチンペーパーなどで 1 枚ずつ水分をふき取る。
② 揚げ油を 180℃ くらいに熱して①を揚げ，揚げたてに黒砂糖をまぶす。

れんこんチップスもおいしい

◆甘いのがお好みの方は，あめがけにしてもおいしい。油小さじ 1 を入れたフライパンを火にかけ，砂糖 50g を加えてあめ状に煮つめ，チップスを入れてからめます。

◆もちろん，じゃがいもでも，れんこんでもできます。

さつまスイートクラッカー

オーブン　牛乳なし

ゆでる➡つぶす

しゃりしゃりバリバリ，食べだしたら止まらない！　遠い昔に食べたことがあるような，素朴な味わいです。

●材　料　〔天板4枚分〕

- さつまいもマッシュ（p.52参照）　200g
- 薄力粉　300g
- 片栗粉　50g
- 重そう　ひとつまみ
- 卵　1/2個
- グレープシードオイルまたはほかの植物油　大さじ2
- 粉末黒砂糖　50g
- 塩　小さじ1/2
- バニラエッセンス　少々
- レモン汁または酢　小さじ1

●作り方

① ボウルに薄力粉，片栗粉，重そう，粉末黒砂糖，塩を入れて混ぜ合わせたところに，さつまいもマッシュを加え，手で十分にすり合わせて混ぜ込む。

② ①に，グレープシードオイル，卵，バニラエッセンス，レモン汁を加え，混ぜ合わせてひとかたまりの生地をつくる。

③ 打ち粉をした台にとり，めん棒で厚さ3〜5mmにのばし，好みのクッキー型でぬく。

④ 190℃のオーブンで10分ほど焼く。火を止めたらそのままオーブン内におき，パリッとするまで余熱で乾燥させる。

手ですり合わせて

◆余熱を使ってしっかり乾燥焼きするのがポイント。さめてもまだしんなりとしていたら，低温（130〜150℃）のオーブンでもう一度ゆっくりじっくり焼いてください。

◆濃いめの日本茶にとてもよく合うのです。

さつまロール

→カラー口絵

油なし　　　牛乳なし
オーブン

ゆでる➡つぶす

シナモンの香りが風格を感じさせます。本格和菓子のおもむき。

●材　　料　　　　　　　　　　　　　　　　　　〔1本分〕

<ロール生地>
- 薄力粉　80g
- ベーキングパウダー　小さじ1/2
- 黒砂糖　40g
- 水　30cc
- 卵　大1個
- 塩　ひとつまみ

<さつまいもあん>
- さつまいもマッシュ（p.52参照）　約200g
- 粉寒天　小さじ1
- 水　200cc
- 塩　小さじ1/3〜1/2
- シナモン　少々

●作　り　方

①ロール生地をつくる。薄力粉とベーキングパウダーは合わせてふるう。

②黒砂糖は分量の水を加えて煮とかす。

③ボウルに卵を割りほぐし，泡立てながら①を少しずつ加える。白っぽくなるまでよく泡立てるほうが，できあがりの生地のきめが細かくなる。

④③に塩と②を加えて粉っぽさがなくなるまで混ぜる。

⑤できた生地を，15cm×20cmくらいの長方形になるように，クッキングシートの上に広げる。クッキングシートにあらかじめ線を引いておくとわかりや

卵はよく泡立ててね

泡立て器を持ち上げたとき，たれてきた生地が少しの間もり上がっている感じ

すい。
⑥ 180℃のオーブンで6～7分焼く。
⑦さつまいもあんをつくる。なべに粉寒天と水を入れ，火にかけて沸騰させて寒天をとかし，さつまいもマッシュを混ぜ込む。塩，シナモンも加えて混ぜ合わせる。
⑧⑦をロール生地にぬり広げ，ロール状に巻いて，クッキングシートでくるみ，その上からラップでしっかり包んで，冷蔵庫で30分から1時間冷やしかためる。食べる直前に小口から切り分ける。

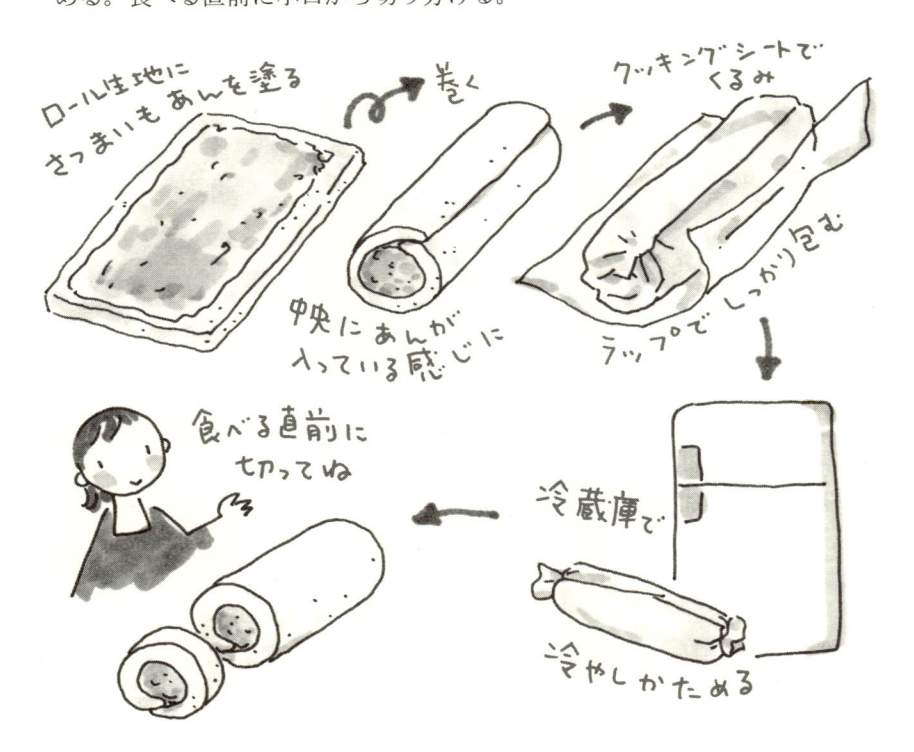

◆いもあんは，さつまいもの甘さだけで十分おいしい。甘さを引き出すため，塩を入れるのをお忘れなく。

2 いもたっぷりおやつ

ヘルシー
スイート
ポテト・プチ

砂糖なし　牛乳なし
オーブン

ゆでる➡うらごす

子どもサイズのかわいいスイートポテト。ころころまるめてオーブンで15分。オーブントースターでもできます。

●材　料　〔12個分〕

さつまいも　250g（大1本）　　卵　1個
バター　20g　　　　　　　　　ハチミツ　大さじ1

●作　り　方

① さつまいもはゆでて皮をむき，うらごしする。
② ①のさつまいもが熱いうちに，バター，とき卵（仕上げ用に少し残しておく），ハチミツを混ぜ込み，ピンポン玉くらいにまるめて小さなアルミカップに入れる。
③ 表面を少し平たく押さえて，②で残しておいた仕上げ用のとき卵をぬる。
④ 180℃のオーブンで15分ほど焼く。表面がこんがりときつね色になったらできあがり。

オーブントースターでもできるよ！

レーズンやくるみを入れて…

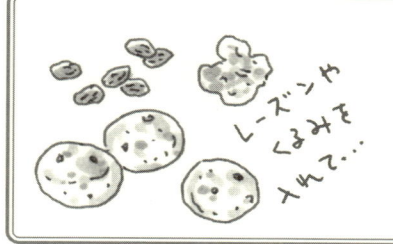

◆子どもがまるめるとちょうどいい大きさになります。ひと口で食べられるサイズだから，食べすぎも防げます。
◆好みでレーズン，くるみなどをきざんで入れても。

いもづくし茶巾絞り

油なし　砂糖なし　卵なし　牛乳なし
蒸し器

蒸す ➡ つぶす

蒸したては，まるでココア入りの洋菓子のようで，とてもきれいです。素朴な味，蒸したてのやわらかいのが食べ頃です。

●材料　〔12個分〕

<いもあん>
さつまいも　200～250g
ハチミツ　大さじ1
塩　小さじ1/5

<皮>
いもの粉（下のメモ参照）　200g
水　200cc
塩　小さじ1/3

●作り方

① いもあんをつくる。さつまいもは皮つきのままやわらかく蒸し，皮をむいてハチミツ，塩とともにすり鉢ですり混ぜる。12等分してまるめておく。
② 皮をつくる。いもの粉に水と塩を加えて耳たぶくらいのかたさにこね，12等分してまるめる。
③ ②を平たくのばしてあんを1個ずつ包む。上部に少し包み残しをつくって，茶巾絞りにする。
④ アルミカップにのせて，蒸気の立っている蒸し器で約15分蒸し上げる。

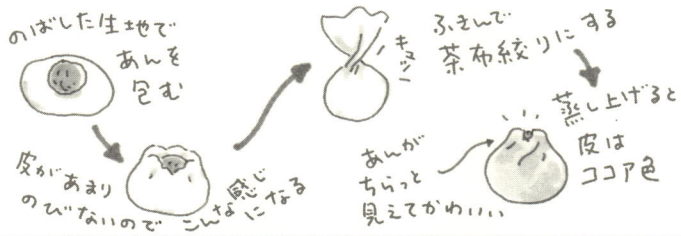

- ◆塩がきついと食べにくい人は，皮に入れる塩を小さじ1/5，あんに入れる塩を少々にしてみてください。
- ◆いもの粉は，おもに鹿児島で生産されるさつまいもの粉です。水にといて加熱すると黒いもち状になります。ちょっとくせのある，ひなびた味わいです。

石垣もち

油なし　砂糖なし　卵なし　牛乳なし
蒸し器

切る

おいもの甘さを塩味がひき立てます。もちもちっとした歯ごたえがおいしい。できたてをどうぞ。

●材　料　〔8号アルミカップ（底直径5cm）8個分〕

さつまいも　150g（中1本）　　　水　約100cc
薄力粉　150〜180g　　　　　　塩　小さじ1/4

●作り方

①さつまいもは皮をむいて1cmの角切りにし，塩水（分量外）につけておく（アクを除き，ほんのり塩味をつけ，甘みを増すため）。
②薄力粉，塩，水を加えてやわらかめの生地（パン生地を少しやわらかくした程度。ややかためのホットケーキの生地くらい）をつくり，水気を切った①を混ぜ合わせる。
③8等分してアルミカップに入れ，蒸し器に並べて強火で15〜20分蒸す。

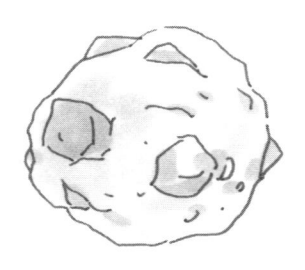

◆九州では昔ながらのおやつのひとつです。といっても私はうちでつくってもらった記憶がありません。だからこれは，古きよき時代の食にあこがれる私流のつくり方なのです。

いきなりだご

油なし 砂糖なし 卵なし 牛乳なし
蒸し器

切る

熊本の郷土料理。あつあつをほおばると，中には黄色くて甘いあんこが……。さつまいもの甘さ，おいしさを実感してください。

●材　料　〔8個分〕

さつまいも　皮をむいて厚さ1cmの輪切りにしたもの8枚（直径4cmほど）

地粉（国産中力粉）または薄力粉　200g
水　約100cc
塩　小さじ1/3

●作り方

①地粉，塩，水を混ぜ合わせて，かための生地をつくる。ラップに包み，室温で30分ねかせる。
②①を8等分し，丸くのばしてさつまいもを1枚ずつ包む。とじめを下にして，適当な大きさに切ったパラフィン紙にのせる。
③蒸気の上がった蒸し器に並べ，強火で約20分蒸し上げる。

◆さつまいもをいきなり（そのまんま）包んだだんごだから，「いきなりだご」。これは今でも街や駅のホームなどで売られている肥後っ子の人気おやつです。
◆皮といもの間にあずきあんを少々しのばせると，店売りバージョンに。

2　いもたっぷりおやつ

ひょかご

→カラー口絵

油なし／卵なし／牛乳なし／蒸し器

蒸す➡うらごす

皮にもあんにもさつまいもをたっぷり使った，ゆでまんじゅう。九州の昔ながらのおやつです。ほのかなおいもの甘さがここちよく，食べごたえがあります。

●材料　〔9個分〕

さつまいも　400g
皮 { 小麦粉　60g
　　 塩　小さじ1/4
あん { 黒砂糖　40g
　　　 塩　小さじ1/4

●作り方

① さつまいもはやわらかく蒸して（またはゆでて），熱いうちに皮をむき，うらごしして，2等分する。半量は皮に，半量はあんにする。
② 皮用のいもに小麦粉と塩を加えて練る。小麦粉といもが完全に混ざり合い，粉っぽさがなくなったら，それを9等分にする。
③ あん用のいもに黒砂糖と塩を加えてあんをつくり，9等分にする。
④ 皮を平たくのばしてあんを包み，好みの形に整えて，たっぷりの湯で10分くらいゆでる。

◆だんご状にまるめるのが簡単ですが，ほかにも，ぎょうざのように半月形にしたり，肉まんのように，包んだ上部にひだをつけても楽しいものです。

◆あんを包まず，皮だけを好みの形にしてゆで，きなこや黒砂糖をかけてもおいしい。

ねりくり

油なし ・ 卵なし ・ 牛乳なし
蒸し器

蒸す ➡ つく

あつあつのおもちをスプーンですくっていただきます。昔からある九州の手づくりおやつ。「からいもんねったぼ」という地方もあります。

●材　料　　　　　　　　　　　　　　　　　　　〔4〜5人分〕

さつまいも　大1本　　　　　てんさい糖または砂糖
切りもちまたは丸もち　3個　　　　　　　　　　大さじ2〜7
　　　　　　　　　　　　　塩　ひとつまみ

●作り方

① さつまいもはひと口大ほどに切る。
② もち3個をまとめてクッキングシートに包み，さつまいもといっしょに，やわらかくなるまで10分くらい蒸す。
③ 蒸し上がったさつまいもは皮を取りのぞき，もちはクッキングシートをはがし，いっしょにすりこぎでつきながら，砂糖と塩を加えてペースト状にする。スプーンですくっていただく。

開くと →

◆昔の大家族のころは大量につくっていたのでしょうが，今は核家族で子どもの数も少ないから，この分量でも十分です。少量をつくるときには，なべに入れて使う折り畳み式の蒸し器がおすすめ。

◆好みできなこをまぶしたり，ハチミツをかけたりしてもおいしい。
◆砂糖の量が少ないと，冷えるとかたまります。その場合はもう一度蒸し直して，あったかいところをいただきます。砂糖をたくさん入れるとさめてもやわらかく，冷蔵庫で2〜3日は日もちがします。

さつまムース
→カラー口絵

油なし / ボウル / 牛乳なし

ゆでる➡つぶす

うす紫色の渋い色あい。油分はないのにこくのある味わいです。メレンゲを入れて，ふわふわとあわ雪のようになりました。

●材　料　〔直径18cmのリング型1個分〕

紫いもマッシュ（p.52参照）　30g
さつまいもマッシュ（p.52参照）　170g
{ 粉ゼラチン　5g
　水　50cc }
卵白　1個分
てんさい糖または砂糖　30g
水　150cc
ハチミツ　大さじ1
塩　ひとつまみ
バニラエッセンス　少々

●作り方

① 粉ゼラチンは分量の水でふやかし，湯せんにかけてとかす。
② 卵白はてんさい糖を加えて，角がピンと立つまで泡立て，メレンゲにする。
③ ボウルに紫いもとさつまいものマッシュを入れ，ハチミツ，水，塩，バニラエッセンスを加えて混ぜ合わせる。
④ ③に②を加えて泡立て器でよく混ぜ，①を加え，混ぜ合わせて型に流し，冷やしかためる。
⑤ 型からぬくときには，あつい湯を入れたなべにさっとつけ，皿の上にひっくり返してとり出す。

ノンオイルなのに　こくがあるのです

◆ 紫色がきれいに出ない場合は，③のあとでレモン汁を小さじ2～3ほど加えると，きれいに発色します。
◆ 紫いもが手に入らない場合は，中身がクリーム色のふつうのさつまいも（ベニアズマなど）だけでつくってもOK。

じゃがいも入りスティックパン

→カラー口絵

砂糖なし　牛乳なし　オーブン

ゆでる➡つぶす

子どもたちに人気のスナックパンも，手づくりしたらこんなにヘルシーになりました。おいしさももちろん二重丸。

●材　料　　　　　　　　　　　　　　　　　　　　　　〔10本分〕

じゃがいもマッシュ（p.52参照）　50g　　バター　30g
地粉（国産中力粉）　200g　　　　　　　卵　1個
ベーキングパウダー　小さじ1/2　　　　　ハチミツ　大さじ2～3
ドライイースト　小さじ1　　　　　　　　レーズン　50g

●作り方

① ボウルに，レーズン以外の材料を全部入れ，なめらかになるまでこねる。水分が少なくてまとめにくい場合は水を少々加える。こねはじめはべたつく感じがするが，しだいにまとまり，のびのあるつややかな生地になる。こね時間5～7分。

② ひとまとめにし，約30分～1時間一次発酵（p.32～33の⑤～⑥参照）させる。

③ 2～3倍にふくらみ，フィンガーテストがOKなら発酵終了。10等分にし，まるめてベンチタイム（p.33の⑦参照）を5分とる。

④ めん棒でだ円形にのばし，下のイラストのようにレーズンを巻き込んでスティック状にしたあと，台の上でころがして15cmほどにのばす。

⑤ 間隔をあけて台に並べ，約30分間仕上げ発酵（p.33の⑦参照）する。

⑥ 180℃のオーブンで10～15分焼く。

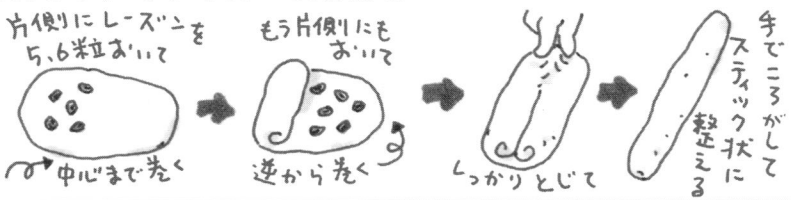

片側にレーズンを5，6粒おいて　中心まで巻く　➡　もう片側にもおいて　逆から巻く　➡　しっかりとじて　➡　手でころがしてスティック状に整える

◆レーズンは，好みでチョコチップやくるみにかえても。

2　いもたっぷりおやつ

やまいも ごませんべい

→カラー口絵

砂糖なし　卵なし　牛乳なし

オーブン

すりおろす

甘さはお好みで加減できます。素朴な形とパリパリとした歯ごたえを楽しんでね。

● 材　料　　　　　　　　　　　　　　　　　　〔天板3枚分〕

すりおろしたやまいも　1カップ　　　植物油　大さじ2
地粉（国産中力粉）　300g　　　　　　ハチミツ　大さじ1～3
小麦全粒粉　50g　　　　　　　　　　酢　小さじ1
重そう　ふたつまみ　　　　　　　　　白いりごま　大さじ2
塩　小さじ1/2

● 作 り 方

① 地粉，小麦全粒粉，重そう，塩を合わせてボウルに入れる。
② ①にすりおろしたやまいも，植物油，ハチミツ，酢を加えて混ぜ，ややかための生地をつくり，白ごまを混ぜ込む。
③ 直径3cmの棒状にまとめて小口から5mm厚さに切り，手で薄くのばす。
④ 天板に並べ，180℃のオーブンで約10分焼き，そのままオーブン内でパリッとするまで乾燥させる。

◆地粉でつくると風味がとてもよくなります。ない場合は，薄力粉と強力粉を半々に混ぜ合わせてください。
◆火力の弱いオーブンの場合，乾燥焼きに時間がかかるかもしれません。パリッとならない場合は，もう一度火をつけ，130℃くらいの低温で再びじっくり焼いてもいいでしょう。

やまいもパンケーキ

(砂糖なし) (卵なし) (フライパン)

すりおろす

食欲のない朝もすんなりのどを通るやわらかさ。ふんわりふくらんで，和菓子のかるかんのような風味です。

●材料　〔4枚分〕

- すりおろしたやまいも　50g
- すりおろしたにんじん　50g
- 薄力粉　200g
- ベーキングパウダー　大さじ1
- 水　200cc
- プレーンヨーグルト　100cc
- ハチミツ　大さじ1
- 塩　小さじ1/2

●作り方

① 薄力粉はベーキングパウダーを加えてふるう。
② ①以外の材料を全部ボウルに入れて混ぜ合わせたところへ，①を加えて混ぜ合わせる。
③ 植物油（分量外）をひいたフライパンに丸く広げて，両面をじっくり焼く。

◆メープルシロップとバターがあれば，たっぷりかけてどうぞ。とびきりの朝食になります。できたてをめしあがれ。

2　いもたっぷりおやつ

さくら風味のやまいもケーキ

砂糖なし　卵なし　牛乳なし
蒸し器

すりおろす

ほのかな桜の香りをかるかん風の蒸しケーキにとじ込めました。おいしい煎茶でゆっくり味わって。

●材　料　　　　　　　　　　〔20cmのパウンド型1本分〕

すりおろしたやまいも　100g
みつあずき（p.76参照）　50g
桜の葉の塩漬け　3枚
薄力粉　180g
上新粉　20g

重そう　小さじ1/3
水　50cc
植物油　小さじ1
ハチミツ　50cc
レモン汁　小さじ2

●作り方

①薄力粉，上新粉，重そうは合わせてふるっておく。
②桜の葉の塩漬けはさっと洗って手でしぼり，細かくきざんでおく。
③ボウルにハチミツ，レモン汁，すりおろしたやまいも，水，植物油，みつあずきを入れ，②も加えて泡立て器でよく混ぜ合わせる。
④③に①を加え混ぜ合わせ，ショートニングまたはバター（分量外）をぬった型に流し入れ，表面を平らにならして，蒸気の立った蒸し器で約20分蒸し上げる。中央がふっくらと割れたらよい。
⑤蒸し上がったらすぐに型から取り出し，網の上で冷ます。粗熱がとれてから切り分けること。

◆桜の葉の塩漬けは，5～6枚入れるとさらに香り高くなります。

やまいも蒸しパン

卵なし　牛乳なし

蒸し器

すりおろす

ふんわり白くてやわやわの，おまんじゅうのようなパン。このまま食べてもおいしいし，手づくりのりんごジャムやカレーにも，とてもよく合うのです。

●材料　　　　　　　　　　　　　　　　　　　〔約10個分〕

A ┤ すりおろしたやまいも　150g
　　水　約200cc
　　植物油　大さじ1

強力粉　250g

薄力粉　250g
ドライイースト　小さじ2
粉末黒砂糖　大さじ1
塩　小さじ1

●作り方

① ボウルにA以外の材料を入れて混ぜ合わせ，別に混ぜ合わせたAを加えてこねる。ひとかたまりになったら，なめらかな生地になるまで5〜6分こねる。生地がべたついてまとめにくい場合は，こねながら薄力粉（分量外）を足すとよい。

② こねあがったら生地をまるめてボウルに入れ，p.32の⑤の要領で約40分発酵させる。

③ 約2倍にふくらんだら手でつぶしてガスぬきをし，10〜12個に分割してまるめ，アルミカップにのせる。生地が扱いにくい場合は，手粉（強力粉）をつけながら作業する。

④ 蒸し器に水を入れて火にかけ，蒸気が上がったら火を止めて，生地を間隔をあけながら並べ入れ，火を止めたままふたをして5分ほど仕上げ発酵させる。

⑤ そのまま再び点火し，沸騰後強火で約10分間蒸す。

大きくふくらむので間隔をあけてね！

◆ 夏場は発酵の進みすぎを防ぐために，④では蒸し器に入れず，室温で5分ほど発酵させるとよいでしょう。

◆ 1個がかなり大きくふくらむので，家庭用の蒸し器では一度に全部蒸せないかもしれません。二度に分けて蒸す場合，二度目に蒸す分はすでに発酵が進んでいることを考えて，④を省いて⑤に進みます。

2　いもたっぷりおやつ

不思議においしい やまいもプリン

→カラー口絵

油なし　卵なし　なべ

すりおろす

とろとろのやまいもをミルクの味でくるんだら、つるんとプリンになりました。おだやかな甘みで、のどごしもさわやかです。

●材料　〔15cm×15cmの流し型1個分〕

すりおろしたやまいも　100g
粉寒天　小さじ2（4g）
水　300cc
牛乳　100cc
てんさい糖または砂糖　50g
塩　ひとつまみ
バニラエッセンス　2～3滴

●作り方

① やまいもは、皮をむいてすりおろす。
② なべに水、粉寒天、てんさい糖を入れ、混ぜながら火にかける。沸騰させて、寒天を完全にとかす。
③ ②が熱いうちに牛乳、すりおろしたやまいもを加えて泡立て器で混ぜ合わせる。塩とバニラエッセンスで香りをつける。
④ 水でぬらした流し型に③を入れ、冷やしかためる。
⑤ 6～9等分にカットしていただく。

熱いうちに加えます

◆好みでカラメルソースやメープルシロップをかけて甘味を補ってください。
◆バットに流しかため、大きめのスプーンですくって器に盛ってもすてき。

♥ 失敗にこそ上達の芽があるのです

『自然派おやつ』『ノンシュガーおやつ』の読者の方からたくさんのおたよりをいただいて，うれしいかぎりですが，その中には，「つくってみたけれどうまくいかない，どうすればいいか」というつくり方への質問も多いようです。

ご質問にはきちんとお答えするのが当然なのですが，お答えするにも失敗の原因がどこにあるか，お話だけからはわかりかねることも，ままあります。

お菓子づくりは何度も経験しないとわからない微妙な手かげんがあり，レシピの文章だけではわかりにくい場合もあるかもしれません。そこで今回は，皆さんからの質問にできるだけくわしくお答えしていこうと，p.13〜30の「ヘルシーおやつ講座」を開設しました。読者の皆さんの疑問の解決にお役に立てればと願っています。

また，お菓子づくりがうまくいかなくても，けして悲観しないでください。そもそもこの私は失敗するのがとても得意で，失敗の数はたぶんどんな読者の方より，はるかに多いにちがいないのです。1回つくってうまくできなかったからといって，落胆することはありません。

以前，実家でケーキの試作をしていたときのこと，その日はケーキがちっともふくらまず目標とするできあがりにははるかに及ばないのができてし

まったことがありました。まあ早い話が失敗しちゃったのです。私はこんなことには慣れっこなので，すぐさま，どうしてうまくいかなかったのか，配合に無理はなかったか，混ぜ方の問題だったのか……と原因を探って理解し，次の試作を考え始めました。つまり，私にとって失敗は次の目標へのステップであり，成功へのヒントがぎっしりつまっている，とてもよい経験なのですが，この一部始終を見ていた母は，「まあ失敗しちゃったね。そんなこともあるわよ，くじけないでね」とはげましてくれたっけ。私にとってはまとはずれな言葉だったわけですが，失敗したら落胆するのがあたり前，と母は思ったのでしょう。

　失敗を，新しい発見に満ちたすばらしい瞬間なのだと思えるようになれば，お菓子づくりももっと楽しくなります。そして，それから「どうしたらいいかな」と自分で考える楽しみも育ててみてください。

3

まとめてゆでて手間いらず

豆たっぷりおやつ

豆のおやつ◎楽しみ方のヒント

　豆類は世界中にその種類も多く，日本人の私たちが思いつかないようなめずらしい食べ方もある，興味の尽きない素材です。ここでは，手に入りやすく，なじみの深いあずき，大豆，大福豆（白いんげん）を使ったおやつを紹介していきます。

●あずき，大豆，大福豆，花豆

　乾燥豆は使うたびに少しずつゆでるより，まとめてたくさんゆでておくと，気軽におやつに使えます。さらに，あんやはちみつ漬けにしておくと，もっと便利です。

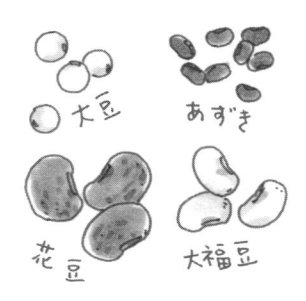

ゆで豆にして

　豆の種類で多少かわってきますが，1カップ（約200g）の乾燥豆から約500gのゆで豆ができます。4〜5時間から一晩水でふやかした豆を厚手のなべ（耐熱ガラス製なら豆の状態が外からよく見えて便利）に入れ，豆がかぶるくらいの水を入れ，火にかけます。沸騰したらふきこぼれないようふたをずらして火を弱め，弱火で気長に煮ます。圧力なべで短時間に煮る方法もあります（『みうたさんの野菜たっぷり料理』参照）が，短時間でゆであがるため，秒きざみの時間の調節がむずかしく，あっという間にゆですぎになりやすいので，今は昔ながらのコトコト煮るやり方に落ちついています。大豆はどんな煮方をしてもくずれませんが，あずきや大福豆は煮すぎるとつぶれてしまいます。弱火でやさしく煮てあげてください。

　ゆでただけの豆は，後述するあんや煮豆の材料とするほかに，そのままパンやケーキに焼き込むこともできます。また，つぶして生地に混ぜ込むときは，粉の重量に対して2割くらいを上限にするとよいでしょう。

　ゆで豆は，フリーザーバッグなどに平たく入れて冷凍保存できます。解凍は自然解凍で。

みつあずきにして

　あずきを指でつぶせるほどやわらかくゆで，そのまま冷まして水気を切り，ふたつきの容器に入れます。上

からハチミツを注いでひと混ぜし，冷蔵庫で保存。この状態で夏場でも数週間保存可能です。使う直前に使う分だけ取り出し，なべに入れてやわらかくなるまで静かに煮含めます。かき混ぜると豆がつぶれてしまうので気をつけて。水気を切って，ケーキやパン生地に混ぜ込みます。

> フードプロセッサーなら水を入れなくてもピュレにできます

あんにして 指でかるくつぶせるほどやわらかく煮たあずきはそのまま黒砂糖またはきび砂糖を加え，火にかけてかき混ぜながら煮つめるとつぶあんになります。塩少々を加えると甘みがひきたちます。

　白あんは，大福豆，白花豆などでつくります。本来なら皮を手でむいて取り除くところですが，その手間は大変なもので，家庭向きではないと思います。そこで，やわらかく煮た豆を水とともにミキサーにかけ，なるべく，なめらかなピュレになるよう皮を細かく砕いてください。水の量は，乾燥豆1カップ分のゆで豆（約350g）なら2カップくらいです。それでもきめが粗く，口ざわりが今ひとつという場合はさらにうらごししてなめらかにします。目のつんだ布（さらしなど）のふきんに包んで水分をしっかりしぼり（フードプロセッサーでピュレにした場合はしぼらなくてよい），なべに入れ，ハチミツまたは砂糖を加えて練り上げます。あずきのこしあんも同じ要領でつくれます。

　加える砂糖の量は好みですが，生あん（砂糖を入れない状態）の重量の40〜100％まで入れることができます。糖度が低いほど日もちしません。保存は冷蔵庫でも2〜3日をめやすになるべく早く使いきりましょう。

ちょっとかわったあんの保存法

おまんじゅう用に20〜30gにまるめて数個ずつラップで包む

冷凍保存用のビニール製小袋に入れて冷凍庫に保存

こうすれば…食べたいときに皮だけつくればすぐに蒸したて，焼きたてのおまんじゅうが食べられます

3　豆たっぷりおやつ

> おまけレシピ　**大豆のおやき**

　ゆで大豆を粗くつぶして小判形にまとめ，油をひいたフライパンで両面を焼きます。油で揚げてもスナック風でおいしい。

> おまけレシピ　**煮豆**

　白花豆（白いんげん豆の大粒のもの），紫花豆，黒大豆（黒豆）など大粒の豆は形よく煮上げて，砂糖，ハチミツなどで甘みをつけるとそれだけで立派なお茶うけになります。市販の煮豆より甘さを控えて乾燥豆 300g に対して砂糖 100g 程度におさえたほうが豆のおいしさが味わえます。さらに塩小さじ 4 分の 1 を加えて味をひきしめます。薄味にすることでたくさん食べられるので何日も残ってしまうことはないと思いますが，冷蔵庫で保存し，早めに食べきるようにします。小分けして冷凍して保存できます。

> おまけレシピ　**煮豆の寒天寄せ**

　上述の煮豆の形を生かして寒天寄せにしても楽しい。

薄味の煮豆はお茶うけにも　おかずにも！

> おまけレシピ　**いり大豆のおやつ**

　大豆をまるごと調理して食べることは現代では本当に少なくなりました。近ごろでは節分の時くらいしかいり大豆が店頭に並ぶこともなくなりましたが，こういう機会にこそいり大豆を使ったおやつをつくりたいですね。この本でも紹介した「大豆といりこのごまからめ」にするほか，すでに火が通っているので煮ものに入れても，砂糖で甘くからめてごまをまぶしてもおいしいです。

●きなこ

　大豆をいって粉にしたもので，おなじみの黄色のもののほかに，黒豆の黒っぽいきなこや，青大豆からつくる草色のうぐいすきなこもあります。

| ケーキ生地 に混ぜて | クッキーやパン，ケーキに少量を混ぜ込んで使います。パン，ケーキは入れすぎると生地がふくらまなくなるので使用する小麦粉の 10～20％にとどめてください。また，味，香りがかなり個性的なので少量でもはっきりその味がわかります。 |

| 上から まぶして | もちやだんごにまぶして風味と栄養価を高めます。「やせうま」（p.81）のようにうどんやマカロニにまぶしてもおいしいもの。 |

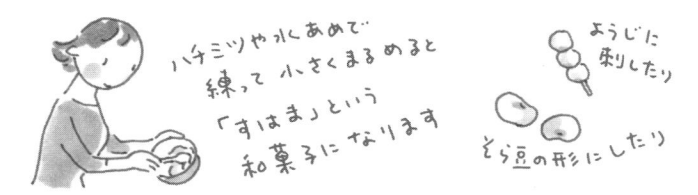

ハチミツや水あめで練って小さくまるめると「すはま」という和菓子になります

ようじに刺したり

そら豆の形にしたり

● 豆腐

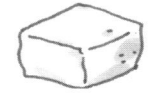

　ピュレにしてケーキやパンに混ぜ込むことができます。また，フレッシュチーズと混ぜてチーズケーキの素材になりますが，大豆独特の香りがあるので気になる方はレモンやオレンジの皮，チョコレート，バナナ，ココアなどの強い香りを使えばさほど気にならなくなります。

　ケーキに混ぜ込む場合は完全にピュレにして，水分として使用しますが，ふくらみがわるくなりやすいので，粉の量の半分以下にとどめてください。パンの場合は水分のかわりに使用できます。いずれの場合も，日もちしませんので当日中に食べきるか，冷凍保存します。

　ムースやアイスクリームなど，豆腐に火を通さないものは，豆腐の品質に味が左右されますので，とくによく吟味して，おいしい豆腐を使ってください。

豆腐を入れたパンやケーキは早めに食べて…

きなこドーナツ

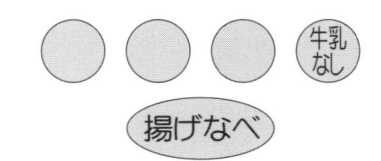

(牛乳なし) (揚げなべ)

混ぜる➡揚げる

ベーキングパウダーを適量使うことで，とてもよくふくらむ生地ができました。さっくりとした仕上がりです。

●材　料　〔ドーナツ型約10個分〕

きなこ　大さじ3
薄力粉　300g
ベーキングパウダー　小さじ2.5
豆乳　100cc
水　100cc
オリーブオイル　大さじ1
卵　1個
粉末黒砂糖　大さじ3
塩　ひとつまみ
揚げ油　適量
仕上げ用粉末黒砂糖　適量

●作り方

① きなこ，薄力粉，ベーキングパウダーは合わせてふるっておく。
② ボウルに卵，豆乳，水，オリーブオイル，粉末黒砂糖，塩を入れ，よく混ぜ合わせる。
③ ②に①を加えてゴムべらで混ぜ，生地をつくる。
④ 打ち粉をした台にとり，厚さ7mmほどにのばしドーナツ型または好みの型でぬき，油で揚げる。
⑤ 揚げたてに粉末黒砂糖をまぶす。

揚げたてでないと
うまくつかないの

◆型ぬきせず，ちぎって棒状にのばして揚げてもいいですね。

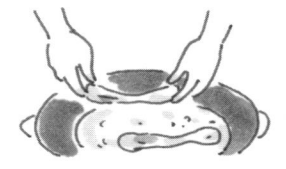

やせうま

油なし / 卵なし / 牛乳なし / なべ

まぶす

手づくりのきしめんにきなこをまぶしただけ。ひなびた味わいが郷愁をさそう，大分県に伝わるおやつです。

●材　料　〔4人分〕

地粉（国産中力粉）または薄力粉　300g
水　約150cc
塩　小さじ1/2
きなこ　適量
粉末黒砂糖　適量

●作り方

① 小麦粉に塩を加え，水を少しずつ混ぜながらこね，かための生地をつくる。ラップに包んで30分ほど休ませる。
② 打ち粉をした台の上で①をめん棒で薄くのばし，1.5cm幅の太めのきしめん状に切る。
③ 沸騰した湯の中でゆでる。めんが浮き上がって10秒くらいたったら，ざるにあげて水気を切り，きなこをまぶし，好みで粉末黒砂糖をかける。

◆きなこをまぶしただけのシンプルな味がもともとの姿でしょう。でも，それでは現代人にはもの足りないので，黒砂糖をかけてどうぞ。
◆その昔，子どもがやせというお手伝いさんに「やせ，うま（うまいもの）がほしい」とせがんだところから，「やせうま」といわれるようになったとか。

3　豆たっぷりおやつ

きなことあずきのパン

油なし　砂糖なし　卵なし　牛乳なし
オーブン
ゆでる

たいしてこねなくてもできるヘルシーパンです。あずきのクセもなく，薄味で香ばしい。表面のこげたところがパリパリしておいしいですよ！

●材　　料　　　　　　　　　　　　〔直径12cmの丸パン4個分〕

きなこ　1/2カップ（40g）
やわらかくゆでたあずき　　1/2カップ
強力粉　300g
ドライイースト　小さじ1
ぬるま湯（40℃くらい）　約150cc
塩　小さじ1/2

●作　り　方

① きなこ，強力粉，ドライイーストは混ぜ合わせておく。
② 別のボウルに，ゆでたあずき，塩，ぬるま湯100ccを入れて混ぜ，①を加え，こね始める。こね方はp.32の④を参照。
③ 生地のようすを見ながら，少しずつ残りのぬるま湯を足してこねていく。粉っぽさがなくなり，こねられるようになったら水を加えるのはやめる。ひとまとりにできるくらいになったらこねあがり。
④ 生地をひとまとめにし，p.32の⑤の要領で約40分間一次発酵させる。
⑤ 約2倍にふくらみ，生地の表面に少し割れめが見えるくらいになったら発酵終了。4等分してまるめ，油をぬった天板に並べて，保温して約30分間仕上げ発酵させる（p.32〜33の⑥〜⑦参照）。
⑥ 190℃のオーブンで20分焼く。表面がこんがり色づくまで焼いたほうが香ばしい。

◆あずきのゆで方によって，加える水分の量は多少かわってきます。生地のようすを見ながら加減してください。
◆発酵させすぎると，生地がだれてぺちゃんこになってしまうので気をつけて。

あずき蒸しパン

➡カラー口絵

(油なし) (卵なし) (牛乳なし) (蒸し器)

ゆでる➡煮る

さくら色の生地にあずきの粒が散って，これは小麦粉でつくったお赤飯のよう。ひかえめの味つけだからこそ，食べるときにバターやハチミツで好みの味にできるのです。

●材　料　　〔8号カップ（底直径5cm）9個分〕

つぶあん（p.77参照）
　　　　　160g（1カップ）
薄力粉　150g
ドライイースト　小さじ1
水　100〜120cc
塩　小さじ1/4

●作り方

① ボウルに薄力粉，ドライイースト，塩，つぶあんを入れ，水を加えながら木べらでかき混ぜ，ねばりを出す。
② 8号カップに大さじ山盛り1ずつ入れ，p.32の⑤の要領で2倍ほどにふくらむまで発酵させる（夏場は室温で15分ほど，冬場は保温して15〜30分）。
③ 蒸気の立った蒸し器に入れ，強火で約15分蒸し上げる。蒸している間にふくらむので，間隔をあけてゆったりと蒸し器に入れること。

◆冬場は，温めた蒸し器の中で仕上げ発酵をすることもできますが，このときの温度に気をつけましょう。あまり温度が高いと発酵が早く進むため，発酵させすぎたり，イースト菌が死んでしまったりして，うまくふくらまないことがあります。
◆発酵の時間はあくまでめやすです。何度かつくるうちに生地のようすをよく見て，ちょうどよい状態がわかるようになるでしょう。

3　豆たっぷりおやつ

ずんだもち

→カラー口絵

油なし　砂糖なし　卵なし　牛乳なし
なべ

ゆでる ➡ つぶす

枝豆の香りがほのかに舌に残る，仙台地方の郷土のおやつ。夏だけといわず，いつでも手間ひまかけた味わいを楽しんでください。

●材　料　〔4～5人分〕

枝豆（さやつき）　300g（正味約120g）
だんご粉　200g
薄力粉　大さじ2
水　約160cc
ハチミツ　大さじ1～2
塩　小さじ1/2

●作り方

① 枝豆はさやごとゆでて，さやをはずし，すり鉢でざっとつぶす。
② ハチミツ，塩を加えながらさらにつぶつぶが残る程度まですり混ぜる。
③ だんご粉を分量の水でこね，ひとまとまりにする。このままではややべたつくので，薄力粉を加えてべたつかなくなるまで練り合わせる。
④ ひと口大のだんごにまるめ，熱湯でゆでる。浮き上がったら10秒待って，ざるにとる。
⑤ ②と④をボウルに入れて，からめるように混ぜ合わせ，器に盛りつける。

◆ ここでは私流に，少量のハチミツで味つけしました。ほどよく塩をきかせるのが味をひきしめるこつです。
◆ ハチミツを砂糖30～100gにかえることもできます。甘さの加減はお好みでどうぞ。

きなこババロア

(油なし) (卵なし) (牛乳なし) (なべ)

練る

ねっとりとしたこくのあるクリームといった感じ。きなこの中の油分が、まるでバターか生クリームのようにとろりとしたおいしさを出してくれるんです。

●材　料　　　　　　　　　　　　　　　〔プリン型4個分〕

きなこ　大さじ3　　　　　水　120cc
本くず粉　30g　　　　　　粉末黒砂糖　大さじ2
豆乳　120cc　　　　　　　塩　ひとつまみ

●作り方

①黒砂糖と本くず粉は分量の水でつぶしてとかす。
②材料を全部混ぜ合わせて火にかけ、沸騰したら5分ほどよく練る。
③つやが出てきたら、水でさっとぬらしたプリン型に入れ、冷やしかためる。

きなこが生クリームのようなこくを出してくれます

夕食後のくつろぎタイムに…

◆1個でも十分満足できるボリューム。甘さもほどよく、夕食後のくつろぎタイムにゆっくり味わって食べたい。

大豆といりこの
ごまがらめ

（油なし）（卵なし）（牛乳なし）
（フライパン）

からめる

食べだしたら止まらない，あとをひくおいしさ。子どもにも人気のジャパニーズスナック。しょうゆも砂糖もほんの少しなので，素材の自然な塩味が生きています。

●材　料　　　　　　　　　　　　　　〔つくりやすい分量〕

いり大豆（節分に使うもの）　　　　粉末黒砂糖　小さじ2
　　　　ふたつかみ（40g）　　　　みりん　小さじ1
いりこ（小ぶりのよく乾燥したもの）　しょうゆ　ほんのひとたらし
　　　　ふたつかみ（40g）　　　　白いりごま　小さじ1

●作り方

① いり大豆，いりこをフライパンで軽くあぶったところに，粉末黒砂糖を加えとかす。
② みりん，しょうゆをたらしながら全体をよくかき混ぜて，黒砂糖をからませる。
③ 最後に，かるくすったいりごまを全体にまぶして器に移す。

◆カリカリと香ばしく，お茶うけにぴったり。昔ながらのおやつがはやっているわが家では，スルメ，酢こんぶと並ぶヒットおやつです。

豆腐バナナチョコムース

油なし ・ 牛乳なし ・ ボウル ・ ミキサー

お口の中でバナナが香り，ココアのこくで，豆腐が入っているとはだれも気づきません。大人の味わいを楽しんで。

● 材　料　　　　　　　　　　〔プリン型約 10 個分〕

絹豆腐　100g
バナナ　大 1 本
水　100cc
ハチミツ　大さじ 2
塩　ひとつまみ

ココア　大さじ 1
{ 粉ゼラチン　大さじ 1
  水　60cc
{ 卵白　1 個分
  砂糖　10g

● 作り方

① 絹豆腐，バナナ，水，ハチミツ，塩，ココアをいっしょにミキサーにかけ，ペースト状にする。
② 粉ゼラチンは分量の水でふやかし，湯せんでとかす。
③ ①をボウルに移し，②を混ぜ合わせる。
④ 卵白に砂糖を加え，泡立て器で角が立つまでしっかりと泡立ててメレンゲをつくる。
⑤ ④を③に加えて混ぜ合わせ，プリン型に流して，冷蔵庫で冷やしかためる。

◆ メレンゲはつくって時間がたつと分離してしまいます。混ぜ合わせる直前に泡立ててください。

3　豆たっぷりおやつ

さくら まんじゅう
➡カラー口絵

油なし 砂糖なし 卵なし 牛乳なし
オーブン
ゆでる➡つぶす

ふんわりもちもちした皮の中には，桜の香りの白あんが。風味豊かなおまんじゅうです。

●材　料　〔6〜8個分〕

＜皮＞
薄力粉　100g
すりおろしたやまいも　80g
水あめ　大さじ1

＜あん＞
大福豆の生あん（砂糖を入れないもの。p.77参照）　150〜200g
ハチミツ　大さじ2
桜の葉の塩漬け　2枚

●作り方

①皮をつくる。ボウルに，すりおろしたやまいもと水あめを入れて泡立て器で混ぜ，ふるった薄力粉を加えて混ぜ合わせる。

②粉っぽさがなくなり，生地がひとつにまとまったら，手粉（分量外）をつけながら6〜8等分にしておく。

③あんをつくる。大福豆の生あんとハチミツをなべに入れ，火にかけて練り上げる。

④桜の葉の塩漬けはさっと洗って水気をしぼり，みじん切りにして③に混ぜ込む。

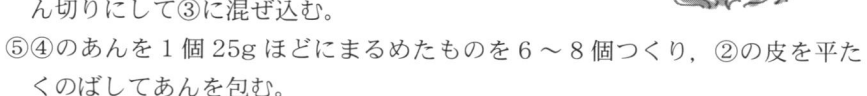

⑤④のあんを1個25gほどにまるめたものを6〜8個つくり，②の皮を平たくのばしてあんを包む。

⑥形を整え，とじめを下にしてパラフィン紙または紙のカップにのせ，蒸気の立っている蒸し器で約10分蒸し上げる。

- ◆ハチミツのかわりに砂糖50gを加えてもいいのです。
- ◆あんを包むときにべたつく場合は，植物油をつけた手で生地をのばしてラップにのせ，その上にあんをのせてラップごと包むようにすると，きれいに形づくれます。

4

きゅうりやトマトもお菓子になるの？
実野菜たっぷりおやつ

実野菜のおやつ◎楽しみ方のヒント

　夏から秋にかけて色とりどりに食卓を賑わせてくれる果菜類は，甘いおやつに向くグループと塩味のおやつに向くグループのふたつに分けて使い方を紹介していきます。

●かぼちゃ

　デンプン質が多くパイやプディングなど，お菓子の素材として定着している野菜です。

蒸してつぶして　種とわたをとり，ひと口大に切って蒸し器で蒸してマッシュすれば，栄養分が水に流れ出すこともなく，水っぽくなりません。

ピュレにして　蒸したものをフードプロセッサー，すり鉢などでピュレにすれば，パイのフィリングになります。砂糖を加えて火にかけて練れば，まんじゅうのあんにもなります。

●とうもろこし

ペーストにして　蒸したりゆでたりした実をこそげて少量の水を加え，ミキサーにかけてペーストにし，スープやケーキ，パンに混ぜ込んで使います。入れる量は小麦粉の重量の4分の1以下を守ること。入れすぎは生地をべたつかせ，焼き上がりの日もちもわるくなってしまいます。

　[おまけレシピ]　蒸しとうもろこし

　生のとうもろこしは，買い求めたらなるべく早く調理すること。皮を取り，まるごと，または筒状に2～3個に切って蒸すかたっぷりの湯でゆでて塩をふってそのまま食べるのがおいしい。残ったら身を包丁でこそげ取り，冷凍保存できます。前述のペーストにしても。

●トマト

　おやつに変身させるといってもつぶして甘くしたりせず，チーズやベーコン，たまねぎ，オレガノ，ルッコラ，タイム，バジルなどを使ってイタリアンテイストに仕上げるのが王道。

> **トマトソースにして**

　熟れたトマトはミキサーでピュレにして，トマトソースをつくり，ピザやパイのフィリングとして塩味おやつに大活躍。手づくりのパイ生地にぬり，オーブン，またはフライパンやホットプレートで焼けば子どもたちのパーティーメニューにもなります。手づくりのピザなら油ひかえめで，たくさん食べても胃にもたれず，太りません（?!）。

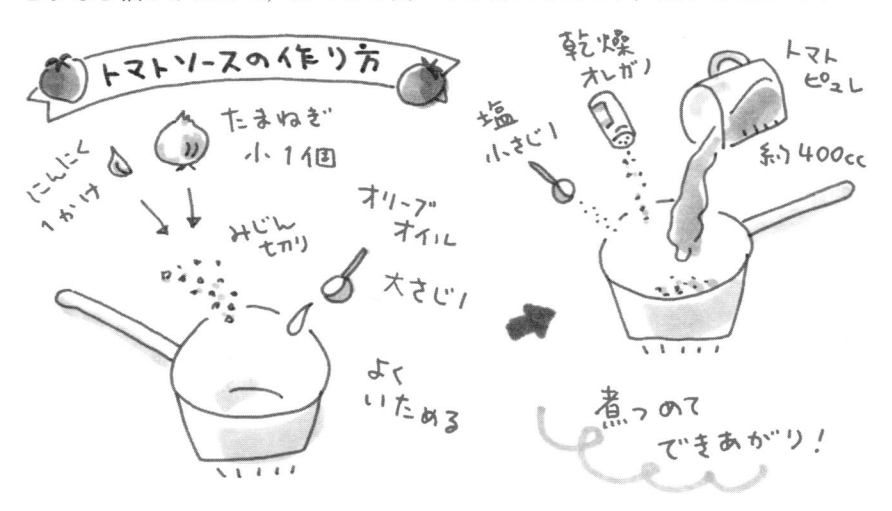

トマトソースの作り方

- にんにく 1かけ
- たまねぎ 小1個
- みじん切り
- オリーブオイル 大さじ1
- よくいためる
- 塩 小さじ1
- 乾燥オレガノ
- トマトピュレ 約400cc
- 煮つめてできあがり！

ソースも生地も手づくりのピザ！

おまけレシピ　手づくりピザ

- 薄力粉　150g
- 強力粉　150g
- 水（ぬるま湯）　約180cc
- 塩　小さじ1/2
- ドライイースト　小さじ1
- オリーブオイル　小さじ1

〈作り方〉

　薄力粉，強力粉，ドライイースト，塩を混ぜ合わせたボウルにぬるま湯とオリーブオイルを加えてこね，一次発酵させる。4等分，または好みの大きさに

なるよう分けてまるめ、平たくのばして、20分ほど発酵させる。トマトソースをぬり、好みの具をのせて200℃のオーブンで20〜30分焼く。または、フライパンなどでふたをして弱火でゆっくり蒸し焼きにしても。

> おまけレシピ **まんまるシャーベット**

プチトマトはそれだけで十分甘いので、そのままおやつに、また冷凍しておいて、食べる直前に水をかけると皮がつるりとむけ、まんまるシャーベットとして食べられます。

> おまけレシピ **プチトマトのハチミツマリネ**

ちょっと酸っぱくてもて余し気味の家庭菜園のプチトマトは、へたの部分に十字の切れ込みを入れ、ハチミツ（砂糖）でマリネするととても甘くおいしくなります。さらにドレッシングであえてきゅうりといっしょにサラダ感覚のおやつにもなります。

●ズッキーニ

食感はなすに近く、見かけはきゅうりのような、かぼちゃの仲間です。

> **すりおろして**

皮ごとすりおろし、ケーキに混ぜ込みます。小麦に対してかなりの量を入れることができますが、卵を必ず入れることが条件です。そうしないと生地がべたつき、もち状の焼き上がりになってしまうでしょう。

> **薄切りにして**

塩味のパイのフィリングなどに活用してください。

● きゅうり

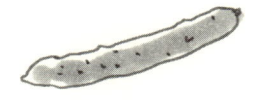

すりおろして ゼリーや寒天寄せに。ズッキーニより水分が多く、青くさいため、ケーキの生地には混ぜ込まないほうがいいです。

おまけレシピ　まるかじり

そのまま味噌やマヨネーズをつけてほおばるのがいちばん！

まるごとポリポリ

● なす

おまけレシピ　なすの煮こごり風

今回はレシピページになすのおやつを載せていませんが、焼きなすにして、それをだし汁や魚の煮汁で寒天寄せにすると、「煮こごり」風のおやつができます。

昔は駄菓子屋で‥

こんなのを売っていたそうです

4　実野菜たっぷりおやつ

ふかふか かぼちゃクッキー

砂糖なし　卵なし　牛乳なし
オーブン

ゆでる ➡ ミキサー

卵もバターも使わないので，アレルギーがあっても大丈夫。アレルギーの会でも好評でした。クッキーとケーキの中間のような味わいです。

●材　料　〔天板2.5枚分〕

かぼちゃピュレ（p.90参照）　130g　　ハチミツ　大さじ2
薄力粉　200g　　　　　　　　　　　　塩　ひとつまみ
重そう　小さじ1/5　　　　　　　　　　シナモン　少々（好みで）
オリーブオイル　大さじ1　　　　　　　レモン汁　小さじ2

●作り方

①薄力粉と重そうを合わせてふるっておく。
②①以外の材料をボウルに入れて混ぜ合わせ，①を加えて混ぜ，ひとまとまりにする。
③打ち粉をした台にとり出し，めん棒で厚さ2～3mmにのばし，好みのクッキー型でぬく。
④クッキングシートをしいた天板に③を並べ，180℃のオーブンで約10～12分焼く。中心までカリカリに乾燥させたい場合は，そのまま火を止めてさめるまでオーブン内で乾燥させるとよい。

◆油分が少ないのでオーブンでしっかり乾燥させましょう。焼き方が少ないとケーキのようにふんわりしますが，これもまたおいしい。お好みで調節してください。

ふんわりしたのもおいしい

かぼちゃマフィン

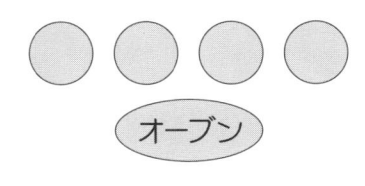

オーブン

ゆでる➡つぶす

ふんわりふくらんで子どもに大人気！ 甘みと塩味のバランスがおいしさのヒミツです。娘は1度に3個も食べて，「また，つくってね」ですって。

●材　料　　〔8号カップ（底直径5cm）8個分〕

かぼちゃマッシュ（p.90参照）　50g
- 薄力粉　150g
- ベーキングパウダー　小さじ1
- シナモン　少々

水　100cc
植物油　大さじ1
卵　1/2個分
粉末黒砂糖　大さじ1
ハチミツ　大さじ1
塩　ふたつまみ
スキムミルク　大さじ1
バニラエッセンス　少々

●作 り 方

① かぼちゃマッシュをボウルに入れ，水，植物油，卵，粉末黒砂糖，ハチミツ，塩，スキムミルク，バニラエッセンスを入れ，泡立て器で混ぜ合わせる。
② 薄力粉とベーキングパウダー，シナモンを合わせてふるい，①に加えて，ゴムべらでさっくりと混ぜ合わせて生地をつくる。
③ 大さじ山盛り1杯ずつカップに入れ，180℃のオーブンで15分焼く。

これ、また つくって！

◆生地をつくるときには，くれぐれも生地を練りあげてしまわないように気をつけましょう。混ぜ方で，できあがりのふんわり感がかわります。

4　実野菜たっぷりおやつ

ノンエッグ かぼちゃクリームパン
→カラー口絵

砂糖なし　卵なし　牛乳なし
オーブン
ゆでる➡ミキサー

甘すぎず，やわらかすぎないのが手づくりのうれしいところ。いくつでも食べられそうな，あったかい味わいです。

●材　料　〔約 16 個分〕

かぼちゃピュレ（皮なし）(p.90 参照)　100g
強力粉　400g
ドライイースト　小さじ 2
水　約 200cc
植物油　小さじ 1
ハチミツ　大さじ 1
塩　小さじ 1
中につめるクリーム（p.98 ～ 99 参照）　適宜

●作 り 方

① 強力粉，塩，ドライイーストは混ぜ合わせておく。
② 別のボウルにかぼちゃピュレ，ハチミツ，植物油，水 100cc を入れて混ぜ合わせ，①に加えてこね始める。残りの水 100cc を少しずつ加えながらこね，生地がひとつにまとまり，なめらかになるまで約 10 分こねる。
③ 生地をひとまとめにし，p.32 の⑤の要領で約 30 分発酵させる（夏場は室温で 30 ～ 40 分，冬場は保温して 40 分）。
④ 2 倍ほどにふくらみ，フィンガーテストが OK なら発酵終了。ガスぬきして 16 等分し，ひとつずつまるめる。
⑤ ④ではじめにまるめた生地から，めん棒で平たくのばし，クリームを大さじ山盛り 1 杯ずつ包む。包み方はイラスト参照。
⑥ クッキングシートをしいた天板に，とじめを上にしてならべ，パンマットとぬれぶきんをかけて約 30 ～ 40 分仕上げ発酵させる。
⑦ 約 2 倍にふんわりふくらんだら，200℃ のオーブンで 15 分焼く。香ばしくきつね色に焼き上がればできあがり。

クリームパンの包み方

※ただ包んだだけでは、発酵している間にとじめが広がって、焼いている間にクリームが飛び出してしまいます。

「そうならないために！」

1. 生地は なるべく平たく めん棒でのばす。

2. 中央にクリーム（大さじ山盛り1杯）をのせる。

3. ひだをとって 生地を上に持ち上げる。

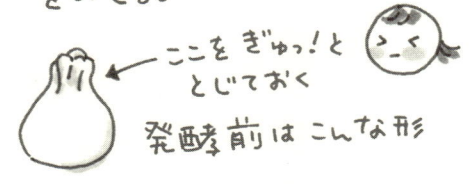

ここをぎゅっ！ととじておく
発酵前はこんな形

4. とじめを上にしたまま発酵させる。
こうなります→

5. 焼き上がり
ほぼ まんまるで 上部が少し もこもことして かわいらしい形になる。

◆ 地粉（国産中力粉）でもつくれます。そのときは水の量を約 130cc に減らします。
◆ パン生地にクリームを包むときは、めんどうでもめん棒を使ってしっかりガスぬきしながらのばしてください。手で薄くのばすだけだと、焼いている間に生地の間からクリームがはみ出すことがあります。
◆ 高温で発酵させすぎると、生地にしまりがなくなって成形しにくくなりますので、気をつけましょう。

4 実野菜たっぷりおやつ

クリームパン用
ココナッツミルククリーム

油なし　砂糖なし　卵なし　牛乳なし
なべ

ゆでる ➡ ミキサー

卵色でもこもこした食感のかぼちゃがカスタード風のクリームに変身。
ココナッツやシナモンを加えてトロピカルな味になりました。

●材　料　　　　　　　　　　　　　　〔クリームパン約 16 個分〕

かぼちゃピュレ（p.90 参照）　100g
薄力粉　大さじ 3
ハチミツ　大さじ 2
塩　小さじ 1/4

シナモン　少々
クミン（あれば）　少々
{ ココナッツパウダー　大さじ 2
　水　150cc

●作 り 方

① ボウルにかぼちゃピュレ，ふるった薄力粉，ハチミツ，塩，シナモン，クミンを加え，練り混ぜる。
② ココナッツパウダーと水を混ぜ合わせて火にかけ，沸騰させ，①に少しずつ加えて，泡立て器で混ぜ合わせる。
③ ②をなべに戻して中火にかけ，木べらでかき混ぜながらとろみをつける。クリームがなべから離れ，ひとつにまとまるような感じに煮つまってきたら火からおろし，バットに流す。粗熱がとれてかたまるのを待ってから使う。

ひとつにまとまるような感じに煮つまってきます

◆保存は，夏場なら冷蔵庫で 1 日が限度です。冬場なら数日もちますが，使う前にもう一度火を通してください。冷凍はできません。
◆パンに入れるほか，パイに焼き込んだり，シューに入れてシュークリームにも。

クリームパン用 豆乳クリーム

(油なし)(砂糖なし)(卵なし)(牛乳なし)
(なべ)

ゆでる ➡ ミキサー

豆乳を使ったかぼちゃクリーム。豆乳の重さをシナモンやバニラの香りでやわらげます。

●材　料　　　　　　　　　〔クリームパン約16個分〕

かぼちゃピュレ（p.90参照）　100g　　　ハチミツ　大さじ2
薄力粉　大さじ3　　　　　　　　　　　塩　小さじ1/4
豆乳　100cc　　　　　　　　　　　　　シナモン　少々
水　100cc　　　　　　　　　　　　　　バニラエッセンス　少々

●作り方

①ボウルにかぼちゃピュレ，ふるった薄力粉，塩，シナモンを入れて混ぜ合わせる。

②なべに豆乳，水，ハチミツを入れて火にかけて沸騰させ，①に少しずつ加えてかき混ぜる。

③②をなべに戻して中火にかけ，木べらでかき混ぜながらとろみをつける。クリームがなべから離れ，ひとつにまとまるような感じに煮つまってきたら火からおろし，バニラエッセンスを加えてひとまとめにし，バットに流す。粗熱がとれてかたまるのを待ってから使う。

シナモンとバニラの香りでやさしい味に…

◆豆乳100cc，水100ccを牛乳200ccに置き換えることもできます。とってもクリーミーな味わいが楽しめます。
◆保存法，応用の仕方は前ページのクリームと同じです。

4　実野菜たっぷりおやつ

しっとりかぼちゃパン

油なし　砂糖なし　卵なし　牛乳なし
オーブン

蒸す ➡ つぶす

野菜の甘みを生かしたシンプルな配合です。ノンオイルでも，野菜の保湿効果できめ細かく，やわらかい食感です。

● 材　料　　　　　　　　　　　　　　　　　　　〔2本分〕

かぼちゃ（わたをとったもの）　200g
すりおろしたながいも　100g
強力粉　400g
薄力粉　100g
ドライイースト　小さじ2
ぬるま湯　約200cc
塩　小さじ1〜1.5（好みで）

● 作 り 方

① わたをとったかぼちゃは，皮つきのままひと口大に切って蒸し，すり鉢などですりつぶしておく。
② ボウルに強力粉，薄力粉，塩，ドライイーストを入れて混ぜ合わせ，①と，すりおろしたながいもを加えてざっと混ぜ，ぬるま湯を少しずつ加えながらこねる。
③ 約10分，生地がなめらかになるまでボウルの中でもむようにこねあげて，ひとつにまるめ，p.32の⑤の要領で，ボウルの中で一次発酵させる。
④ 一次発酵後，ガスぬきしてふたつに分割してまるめ，ベンチタイムを15分とる（p.32〜33の⑥〜⑦参照）。
⑤ ガスぬきして平たくのばし，棒状に巻いてなまこ形にする。クッキングシートをしいた天板に間隔をあけて並べ，p.33の⑦の要領で，約1時間仕上げ発酵させる。
⑥ 約2倍にふくらんだら，200℃のオーブンで20分焼く。

◆ 生地にハチミツ大さじ3，シナモンパウダー少々を加えてこねると甘みのはっきりした菓子パン風になります。この場合，加える水の分量を大さじ3ほど減らしてください。

おひさまドーナツ

→カラー口絵

揚げなべ　牛乳なし

ゆでる→つぶす

「はっちゃんちのドーナツおいしい，くせになる」と，娘の友だちがいいました。こがね色のドーナツの中は明るいおひさま色です。

●材　料　〔直径6cmのドーナツ型約16個分〕

かぼちゃマッシュ（p.90参照） 100g
薄力粉　250g
ベーキングパウダー　小さじ2
水　約大さじ2
植物油　大さじ1
卵　1個
ハチミツ　大さじ2
塩　ふたつまみ（約1g）
白いりごま　大さじ1
粉末黒砂糖　適宜

●作　り　方

① 薄力粉とベーキングパウダーは合わせてふるっておく。
② ボウルにかぼちゃマッシュ，卵，塩，ハチミツ，白いりごま，植物油を入れて混ぜ合わせ，①も加えて混ぜ合わせる。この状態だと粉と水分が十分に混ざらず，パサパサした感じになるので，生地のようすを見ながら水を少しずつ加え，まとまる生地にする。
③ 形づくる際にべたつくので，強力粉（分量外）を薄くまぶしながら厚さ5～7mmにのばし，ドーナツ型でぬく。
④ 180℃くらいに熱した油で，両面がきつね色になるまで揚げる。
⑤ 仕上げに粉末黒砂糖をまぶす。

少しの油でもOK！

◆私は直径20cmのフライパンに深さ1cmほど油を入れて揚げています。これだと油が少量ですむので，あとかたづけが楽です。少量の油で揚げるときには，生地を薄くのばしておくとうまくできます。

かぼちゃのパイ

(砂糖なし) (牛乳なし) (オーブン)

ゆでる ➡ ミキサー

さくさくパリパリ香ばしいパイ皮の中には、甘い香りのかぼちゃがとろり。こんなにおいしいのにローカロリーなんて！

●材　料　　　　　　　　　　　〔直径 18cm のパイ皿 1 枚分〕

<パイ生地>
薄力粉　100g
強力粉　100g
塩　小さじ 1/2
バター　60g
水　90 ～ 100cc
<フィリング>
かぼちゃのピュレ（p.90 参照）
　　　　200g（小 1/2 個分）

とかしバター　10g
卵　1 個
ハチミツ　大さじ 1
ナツメグ　少々
シナモン　少々
バニラエッセンス　少々
レーズン　大さじ 1 ～ 2

●作 り 方

① p.34 の①～⑤の要領でパイ生地をつくり、冷蔵庫で 30 分ねかせる。
② かぼちゃのピュレにとかしバター、卵、ハチミツ、ナツメグ、シナモン、バニラエッセンスを加えてフィリングをつくる。
③ ねかせておいたパイ生地を半分にカットし、それぞれパイ皿に合わせてのばす。1 枚をパイ皿にしき、フォークで穴をあける（p.34 ～ 35 の⑥～⑧参照）。
④ レーズンを散らし、②のフィリングをつめて、残りの 1 枚のパイ生地を上にかぶせる。
⑤ 余分な生地を切り落とし、上にフォークで空気穴をあけ、200℃ のオーブンで 25 ～ 30 分焼く。

パリパリの生地がおいしい！

◆このパイ生地は、一般的な配合の半分のバターしか使っていません。そのためややかっちりした歯ごたえがありますが、香ばしくサクサクした味わいは格別です。このままパリパリ食べてもおいしいので、子どもも大好きですよ。

かぼちゃクールパイ

(砂糖なし)(卵なし)(オーブン)

ゆでる➡つぶす

さっぱりした味わいで，いくらでも食べられそうな軽さがうれしい。
おやつにもデザートにもぴったりです。

●材料　　　　　　　　　　〔直径20cmのパイ皿1枚分〕

<パイ生地>
薄力粉　120g
塩　ふたつまみ
バター　30g
水　約50cc
<フィリング>
かぼちゃマッシュ（p.90参照）
　　　　200g

｛粉寒天　小さじ1（2g）
　水　150cc
プレーンヨーグルト　100cc
ハチミツ　小さじ2
塩　ひとつまみ
シナモン　少々
バニラエッセンス　少々

●作り方

① p.34〜35の①〜⑨の要領でパイ生地をつくってパイ皿にしき，200℃のオーブンで約15分空焼きし，さましておく。
②ボウルにかぼちゃマッシュ，プレーンヨーグルト，ハチミツ，塩，シナモン，バニラエッセンスを入れ，泡立て器でよく混ぜ合わせる。
③なべに粉寒天と水を入れ，火にかけて完全にとかし，②に混ぜ込む。
④焼きあがったパイ皮に③を流し，冷やしかためる。

軽いからいくらでも食べられそう

◆子どもたちにも人気のおやつです。ミントの葉などをかざるとすがすがしい。

かぼちゃゼリー

油なし／卵なし／牛乳なし／なべ

ゆでる ➡ ミキサー

ココナッツのエスニックな味わいが新鮮！ ほろ苦いカラメルソースをたっぷりかけて召し上がれ。

● 材　料　　　　　　　　　　　　　　〔プリン型7個分〕

ゆでかぼちゃ（皮つき）　200g
水　200cc
ハチミツ　大さじ2
塩　小さじ1/5
ココナッツパウダー　大さじ2
シナモン　少々
クミン　少々

｛ 粉寒天　小さじ1
　水　200cc
＜カラメルソース＞
｛ 砂糖　50g
　水　小さじ1
　水　大さじ2

● 作り方

① カラメルソースをつくっておく。小なべに分量の砂糖を入れ，水小さじ1を加えて火にかけ，かき混ぜないで自然に砂糖をとかす。砂糖に茶色の焦げ色がついて，カラメルの香り（砂糖の焦げた香り）の煙が出てきたら，水大さじ2を加えてとかし，火を止める。ソースがかたいようなら，水少々（分量外）をさらに加えて混ぜ，スプーンですくえるくらいのかたさにして，器に移しておく。

② ゆでかぼちゃに水，ココナッツパウダー，シナモン，クミンを加えてミキサーにかけ，ペースト状にする。

③ 粉寒天と水をなべに入れ，火にかけて木べらでかき混ぜながら沸騰させて，寒天を完全に煮とかす。ここにハチミツと塩を加えて②を混ぜ合わせ，プリ

水を加えるとき，やけどをしないように気をつけてね！

ン型に流し入れる。
④粗熱がとれたら冷蔵庫に入れ，冷やしかためる。
⑤かたまったら皿に取り出し，①のカラメルソースをかける。

◆甘さはカラメルソースで加減してください。小さい子ならソースなしで。ほろ苦く甘いのが好きな大人や，大きな子ならカラメルソースをたっぷりかけて。
◆ゆで上げたあとかぼちゃの皮をむいて使うと，仕上がりはきれいな黄色になります。

パンプキンムース

油なし　ボウル

ゆでる ➡ つぶす

生クリームは使わず，カロリーひかえめですが，かぼちゃがたっぷり入っているので濃厚な味わいです。冷たーく冷やしてデザートにも。

●材　料　〔直径20cmのリング型1個分〕

かぼちゃマッシュ（p.90参照）　200g
牛乳　100cc
ハチミツ　小さじ2～3
塩　ひとつまみ
シナモン　少々
バニラエッセンス　少々

{ 粉ゼラチン　5g（小さじ2）
　水　60cc

{ 卵白　1個分
　てんさい糖または砂糖　10g

●作り方

①粉ゼラチンは分量の水でふやかしておく。
②ボウルにかぼちゃマッシュ，牛乳，ハチミツを入れて混ぜ，シナモン，バニラエッセンス，塩を加えて混ぜる。
③別のボウルに卵白を入れ，てんさい糖を加えて角がピンと立つまで泡立て，メレンゲにする。
④③を②に加えて泡立て器でよく混ぜる。さらに①のゼラチンを湯せんでとかして混ぜる。
⑤植物油を薄くぬった型に流し入れ，冷やしかためる。
⑥型からぬくときは，型を皿の上にふせた状態で，型とムースの間に指で少しすきまをつくると，すっとはずれる。

◆牛乳100ccのかわりに，豆乳50cc＋水50ccにしても，おいしさはそれほどかわりません。
◆クミンシードのパウダーを少々加えると，東南アジアの香りが楽しめます。

コーンマフィン

➡カラー口絵

砂糖なし　牛乳なし　オーブン　混ぜる

コーンの甘みが生きてます。ほんのちょっとのハチミツでも、こくのある味わいになるのです。

●材料　〔マフィン型6〜7個分〕

- クリームコーン缶　100cc
- 薄力粉　200g
- ベーキングパウダー　小さじ2
- 卵　1個
- ハチミツ　大さじ1
- 塩　ひとつまみ
- 植物油　大さじ1
- 水　約150cc

●作り方

① ボウルに卵、クリームコーン缶、ハチミツ、塩、植物油を混ぜ合わせ、水を加える。

② 薄力粉とベーキングパウダーを合わせてふるい、①に加えてさっくりと混ぜ合わせる。練り込まないように気をつける。

③ スプーンで、マフィン型に7〜8分目まで生地を入れ、190℃のオーブンで20分焼く。

◆計量から焼き上がりまで所要時間はたったの35分。忙しい朝でもしっかり朝ごはんが食べられますね。野菜スープといっしょにどうぞ。

コーンアップルタルト

卵なし　牛乳なし　オーブン

ゆでる ➡ ミキサー

甘酸っぱいりんごとこくのあるコーンフィリングは相性ばっちり。深い味わいを秋の午後のティータイムにどうぞ。

●材料　　　　　　　　　　〔直径18cmのタルト型1枚分〕

＜煮りんご＞
紅玉りんご　1.5個
ハチミツ　大さじ2
＜タルト生地＞
薄力粉　150g
てんさい糖または砂糖　30g
バター　40g

水　約55cc
塩　ひとつまみ
＜コーンフィリング＞
コーンペースト（p.90参照）
　　　　　　　100〜130g
薄力粉　大さじ5
アーモンド粉　大さじ3

●作り方

①煮りんごをつくる。りんごは皮をむき，8つ切りにしてしんをとり，いちょう切りにする。なべに入れてハチミツをまぶしてしばらくおき，水分が出てきたら中火にかけ，こげないようにしんなりするまで煮つめる。

②タルト生地をつくる。薄力粉に塩，バターを入れて手ですり混ぜ，粉状にする（p.34の①〜②参照）。

③てんさい糖を加えて混ぜ，水をまず45cc加えて混ぜ合わせ，残りの10ccを少しずつ加えながら，粉っぽさがなくなるまで混ぜ，ひとまとめにする（p.34の③参照）。

④p.34〜35の⑥〜⑧の要領で生地をのばして型にしく。

⑤コーンフィリングをつくる。薄力粉とアーモンド粉を合わせてふるい，コーンペーストに加えて混ぜる。

⑥④に⑤をぬりのばし，煮りんごを形よく並べて，180℃のオーブンで22〜25分焼く。途中，表面のこげ色がついてきたら，アルミホイルをかぶせて，こげすぎを防ぐとよい。

◆一晩冷蔵庫でねかせると，味がなじんでいっそうおいしくなります。
◆砂糖をほとんど使っていませんが，これで甘さは十分ですよ。
◆煮りんごをつくるなべは，厚手のホーローまたはステンレスが，こげにくいのでおすすめです。

4 実野菜たっぷりおやつ

トマトボール

→カラー口絵

砂糖なし　卵なし　オーブン

つぶす

トマト風味のパン生地の中からチーズがとろり。焼き上がりに漂う香りはまるでピザのよう。

●材　料　〔約 36 個分〕

＜トマト風味のパン生地＞
ホールトマト缶
　　　汁ごとつぶして 200 ～ 250cc
強力粉　250g
薄力粉　50g
ドライイースト　小さじ 1
オリーブオイル　小さじ 1
ハチミツ　大さじ 1
塩　小さじ 1 弱

タイム　少々
＜フィリング＞
たまねぎ　中 1/2 個（70g）
ピーマン　大 1 個
ベーコン　1 枚
クリームチーズ　120g
塩　小さじ 1/4
こしょう　少々

●作 り 方

＜パン生地＞

①強力粉，薄力粉，ドライイーストは混ぜ合わせておく。

②ボウルにつぶしたホールトマト 200cc を入れ，塩，ハチミツ，タイム，オリーブオイルを加えて混ぜる。ここに①を入れて混ぜ合わせる。水分が足りない場合は，残りの 50cc の汁を少しずつ加えてこねていく。こね方は p.32 を参照。約 10 分，手でもみ込むように練っているとなめらかな生地になる。

③生地をまるめて，オリーブオイル少々（分量外）をまわりにぬり，p.32 の⑤の要領で約 40 分発酵させる。この間にフィリング（次ページ参照）をつくっておく。

④パン生地が倍にふくらみ，フィンガーテストが OK なら発酵終了。ガスぬきをして，36 個に分割してまるめ，ベンチタイムを 3 分とる（p.32 ～ 33 の⑥～⑦参照）。

⑤生地をめん棒で平たくのばし，つくっておいたフィリングを小さじ 1 ずつ中

央にのせ，四方から生地を持ち上げながら，フィリングがはみ出さないように巾着形に包む。
⑥クッキングシートをひいた天板にとじめを上にして並べ，p.33の⑦の要領で約30分間仕上げ発酵する。
⑦約2倍にふんわりふくらんだら，200℃のオーブンで10分焼く。

＜フィリング＞
①たまねぎ，ピーマン，ベーコンはみじん切りにする。
②フライパンでまずベーコンをいため，脂が出たところでたまねぎを加え，しんなりするまでいためる。ピーマンを加えて全体に脂がいきわたったところで，塩，こしょうし，ボウルに取り出す。
③クリームチーズを加えて，木べらでやわらかく練り混ぜる。

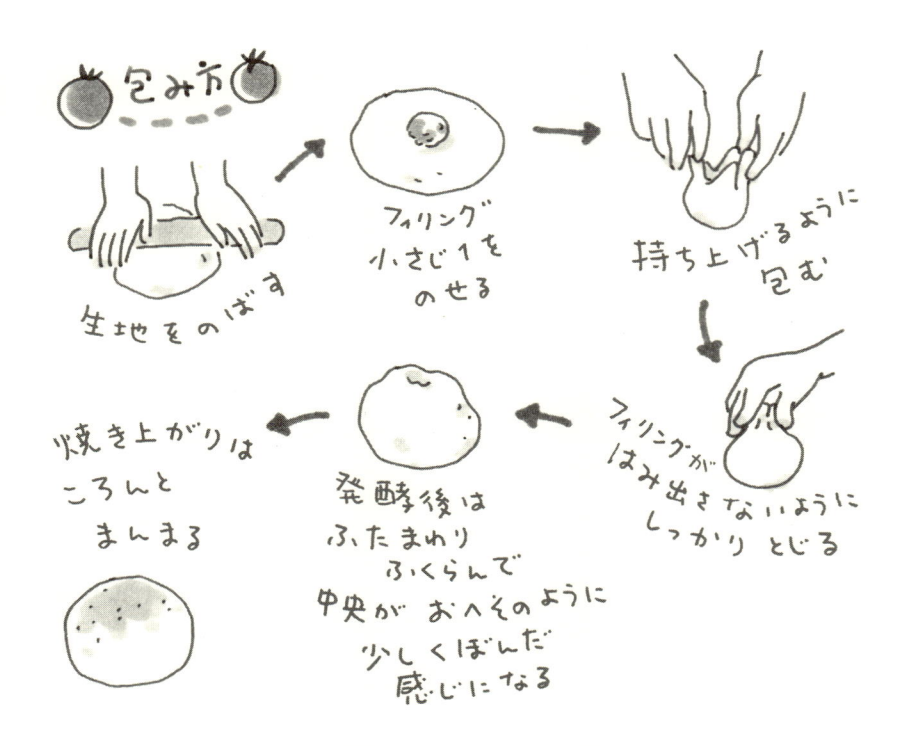

◆焼き上がりがプチシュークリームのようにころんとしていれば大成功です。

トマトパイ

(砂糖なし) (卵なし) (オーブン)

切る

ボリュームたっぷりに見えるけれど，意外にライトなお味。もたれないので間食におすすめです。

●材料　〔直径20cmのパイ皿1枚分〕

プチトマト　10個
ピザ用チーズ　50g
パン粉　大さじ2
マヨネーズ　大さじ1
＜パイ生地＞
強力粉　75g
薄力粉　75g
冷水　約70cc
バター　40g
塩　小さじ1/3（約2g）

＜フィリング＞
じゃがいもマッシュ（p.52参照）
　　　　　　　　　　　　200g
たまねぎ　50g
ピーマン　1個
ツナ缶　小1個
ベーコン　1枚
植物油　小さじ1
ハチミツ　小さじ1
マヨネーズ　大さじ1
塩　少々
こしょう　少々

●作り方

① p.34の①～⑤の要領でパイ生地をつくり，冷蔵庫で30分ほどねかせる。この間にフィリング（次ページ参照）をつくっておく。
② ねかせておいた生地をp.34～35の⑥～⑧の要領で型にしき，全体にフォークで空気穴をあける。
③ つくっておいたフィリングをのせて平たくのばし，半切りのプチトマトを切り口を上にして並べ，

プチトマトは
切り口を上にしたほうが
水っぽくならないし
色もきれいです

上からマヨネーズをぬりのばして，チーズ，パン粉の順にふりかける。
④ 200℃のオーブンで25分焼く。
＜フィリング＞
① たまねぎ，ピーマン，ベーコンは粗みじん切りにして，分量の油でしんなりするまでいためておく。
② じゃがいもマッシュに①を混ぜ合わせたところに，ツナ缶，マヨネーズ，ハチミツを加えて混ぜ，塩，こしょうで味を整える。

◆ハチミツは甘みを補うために加えます。砂糖小さじ1でも代用できます。

4　実野菜たっぷりおやつ

きゅうりのゼリー

油なし　砂糖なし　卵なし　牛乳なし
なべ

➡カラー口絵　　切る／すりおろす

夏のおやつの定番はきゅうりの丸かじり？　これは野菜好きのためのひと手間かけた楽しみ方です。前菜にもぴったり。

●材　料　　　　　　　　　　　　〔小さめのコップ3個分〕

きゅうり　1/2本
しその葉　1枚
だし汁　200cc
みりん　大さじ1

酒　小さじ1
塩　1g（小さじ1/5）
｛粉ゼラチン　3g
　水　大さじ1

●作り方

① きゅうりは半分を小口切りにし，残り半分をすりおろしておく。しその葉はみじん切りにする。
② なべにだし汁を入れて火にかけ，みりん，酒，塩で味つけし，火を止める。
③ 分量の水でふやかしたゼラチンを加えてとかし，すりおろしたきゅうりを加える。
④ ボウルごと冷水にあてながらかき混ぜ，少しとろみがついたら，小口切りのきゅうりとしその葉を混ぜる。
⑤ 器に流し入れ，冷蔵庫で冷やしかためる。

◆塩を加えずつくり，ポン酢やめんつゆをかけて食べても。

ズッキーニブレッド

砂糖なし　牛乳なし　オーブン

すりおろす

➡カラー口絵

明るいグリーンのさわやかなケーキです。甘みはお好みで加減すれば、おやつにも軽食にも変身します。

●材　　料　　　　　　　　　〔20cmのパウンド型1本分〕

皮ごとすりおろしたズッキーニ　　　　卵　1個
　　　　　　　　　　　　　150g　　ハチミツ　大さじ1〜2
薄力粉　200g　　　　　　　　　　　　りんご酢　小さじ2
重そう　小さじ1/2　　　　　　　　　塩　小さじ1/3
植物油　大さじ1

●作り方

① 薄力粉と重そうは合わせてふるっておく。
② ボウルに、卵、すりおろしたズッキーニ、植物油、ハチミツ、りんご酢、塩を加え、混ぜ合わせる。
③ ②の中に①を加えて混ぜ、ホットケーキより少しかための生地をつくる。水分が足りない場合は水を少々足すとよい。
④ 油をぬった型に③を入れて表面を均等にならし、中央を少しへこませて縦にすじめを入れる。
⑤ 190℃のオーブンで約28分焼く。

こうしておくと　形よくふくらみます

◆ 焼く前に中央をへこませるのは、ふくらみを均等にするため。
◆ 甘みも油もひかえにひかえたシンプルな味わいが魅力。ハチミツは大さじ3杯まで増やせます。ハチミツのかわりに砂糖30〜50gにしてもOK。
◆ 冷凍庫に入れておくとスライスしやすくなります。

Q レシピどおりにつくったのに，クッキーやスコーンの生地がべたついて，成形できないのですが…

A 使用した小麦粉の種類や，その時の気候状態によっても，加える水分の適量は少しずつちがってきます。生地がべたつくのは，結果的に水分が多すぎたということです。

　生地をつくっている途中で，水分の適量をみきわめるには，レシピに記載してある水分の量を一度に全部混ぜ込まず，3分の2程度を加えて混ぜながら，まだ粉っぽいところに残りの水分を少量ずつふりかけて混ぜていく方法があります。生地のようすを見ながら，少しずつ作業を進めることで，水分の入れすぎを防ぐことができます。

　また，混ぜ終わったときにはちょうどよい生地に見えても，台に取り出すと生地がだれて，べたつく感じがすることもあります。そこで，作業する台に打ち粉（強力粉）をかるくふって，その上で生地をそっところがすように扱うと，ベタベタして手に負えないということにはなりません。

　できあがった生地を型でぬくときには，型に強力粉をかるくまぶしてから使うと，べたつかず，すっと型ぬきできます。手で形づくるときは手に強力粉をつけると（手粉といいます），作業がしやすくなります。

　また，薄力粉と中力粉，強力粉では，水分の吸収率が異なるので，中力粉を使うレシピの場合に薄力粉を使って同じ水分を入れたのでは，場合によっては生地がべたつき，成形できなくなることがあります。この場合はとりあえず粉をまぶしながらかるく折りたたむように混ぜ込んでいき，成形できるかたさにします。生地を不必要にいじってしまうことになるので，できあがりがかたく，しまった感じになりますが，つくることはできます。

5

きざんで，つぶして，自由自在

葉野菜たっぷりおやつ

葉野菜のおやつ◎楽しみ方のヒント

　鮮やかな緑色の野菜は，一見甘いお菓子には向かないと思われがちですが，レモンとバニラの香りに手伝ってもらうとすてきなおやつができるんです。

●小松菜，ほうれんそう

ピュレにして

　ミキサーでピュレ状にしたものを，ケーキやパンに焼き込むと，きれいな緑色の焼き上がりが楽しめます。

　ほうれんそう，小松菜は，やわらかくゆでたものをかるくしぼり，ミキサーが回るくらいの水（おおよそ葉物の重量の半分がめやす）を加えて葉の変色を防ぐためレモン汁（水200ccに対して大さじ1）を加えてミキサーにかけます。

　フードプロセッサーなら，水分を加えなくてもペースト状になるため，濃厚なピュレができます。やわらかくゆでた葉を包丁で1〜2cm幅に切り，フードプロセッサーに均等に入れ，ピュレにします。

　ほんの少量のピュレをつくる場合には，すり鉢とすりこぎが便利。ゆでた野菜は包丁で細かくたたいて少量ずつすり鉢ですりつぶします。みぞに入り込んだピュレはゴムべらでていねいにすくい取ってください。

　ピュレをケーキに入れる場合は小麦粉の半量まで，パンの場合は4分の1以下におさえます。入れすぎは生地をべたつかせ，焼き上がりがもち状にな

ります。塩味のパイにする場合は、生クリームや卵を使い、ナツメグの香りを効かせると青くささが消え、まろやかな味に。

おまけレシピ 野菜ジュース

食前に野菜ジュースを飲む健康法を時折試しています。小松菜とにんじんをきざんで水少々でミキサーにかけ、塩、レモン汁、グレープシードオイル少量を加えると飲みやすく、栄養の吸収もいいそうです。

飲むと体が軽やかに感じ、お通じにも効果あり。

●にら，ネギなど

香りの強い野菜はその香りを生かして中華風レシピがおすすめです。ごま油や豚肉、にんにく、しょうがに応援してもらい、肉まん、ぎょうざ、おやきなどのあんに練り込めば、無限にレパートリーが増やせます。

5 葉野菜たっぷりおやつ　119

ほうれんそうの蒸しケーキ

➡カラー口絵

蒸し器　ゆでる➡つぶす　牛乳なし

蒸し上がるとレモンの香りがあたりに立ちこめて、アロマテラピーのよう。卵色の生地にほうれんそうのグリーンが映えて、さわやかな味わいです。

●材　料　　　　　　　　　　　　〔20cmのパウンド型1本分〕

ゆでたほうれんそう　50g
薄力粉　150g
重そう　小さじ1/5
水　約20cc
植物油　小さじ1
卵　1個

きび砂糖　20g
ハチミツ　大さじ1
塩　1g（小さじ1/5）
レモン汁　小さじ2
すりおろしたレモンの皮　1/4個分

●作り方

①パウンド型の内側に、バターかショートニング（分量外）を薄くぬっておく。
②ゆでたほうれんそうは細かくきざみ、すり鉢でたたきつぶしてペースト状にする。
③薄力粉と重そうは合わせてふるっておく。
④ボウルに卵ときび砂糖を入れ、しっかり泡立てる。ハチミツを加えてさらに泡立て、塩、レモン汁、植物油、すりおろしたレモンの皮を加え、②を混ぜ込む。
⑤③を加えて混ぜ、生地のようすを見ながら分量の水を少しずつ加えていき、ホットケーキの生地くらいのかたさにする。水は全部使わなくてもよい。
⑥型に入れて表面を平らにならし、

レモンの香りが広がります

蒸気の立った蒸し器で 20 分蒸し上げる。
⑦蒸し上がったらすぐに型から出し，ケーキクーラー（金網）の上で冷ます。

◆ほうれんそうは，よくばって入れすぎると生地がもち状になってしまうので注意！

◆ほうれんそう1束（200g）は，ゆでてしぼると約150gになります。ここでは，このうち50gを使用。残りはおひたしやあえものにして，夕食のおかずにどうぞ。

◆できたてがやっぱりいちばんおいしい。油や砂糖が少ない配合なので，翌日にはパサついてきます。できればその日のうちにめしあがってください。

おかずも一品できちゃった！

5 葉野菜たっぷりおやつ

ほうれんそうのパン

砂糖なし　卵なし　牛乳なし
オーブン

ゆでる ➡ ミキサー

ほうれんそうとレモンはほんとに相性ぴったり。春風のような香りにさそわれて，また一切れ，と手がのびます。

●材　料　〔10×22×9cmのパウンド型1本分〕

ほうれんそうピュレ（p.118参照）
　　　　　　　　　100g（100cc）
強力粉　300g
薄力粉　50g
ドライイースト　小さじ2
ぬるま湯（水）　約180cc

植物油　小さじ1/2（または少々）
ハチミツ　大さじ2
塩　小さじ1弱
レモン汁　大さじ1（1/2個分）
すりおろしたレモンの皮　1/2個分

●作り方

①強力粉，薄力粉，ドライイースト，塩は混ぜ合わせておく。

②別のボウルにほうれんそうピュレ，ハチミツ，レモン汁，すりおろしたレモンの皮，ぬるま湯150ccを入れて混ぜ，①を加え，こね始める（p.32の④参照）。水分が足らず，こねにくいので，生地のようすを見ながら少しずつ残りのぬるま湯（水）を足してこねていく。粉っぽさがなくなり，こねられるようになったら水を加えるのはやめる。

③ひとつにまるめて植物油を薄くぬり，p.32の⑤の要領で約40分発酵させる。

④生地が倍にふくらみ，フィンガーテストがOKなら発酵終了。ガスぬきして4つに分割してまるめ，パンマットに包んでベンチタイムを10分とる（p.32〜33の⑥〜⑦参照）。

⑤ベンチタイムが終わった生地はめん棒で平たくのばして4つ折りにし，それをくるりとまるめて，イラストのようにまるくまとめる。

⑥植物油（またはバター，マーガリンなど）をぬった型にとじめを下にして並べ，p.33の⑦の要領で約40〜50分仕上げ発酵させる。ふっくらとふくらみ，型のふちから生地がのぞくようになったら発酵終了。

⑦200℃のオーブンで25分焼く。

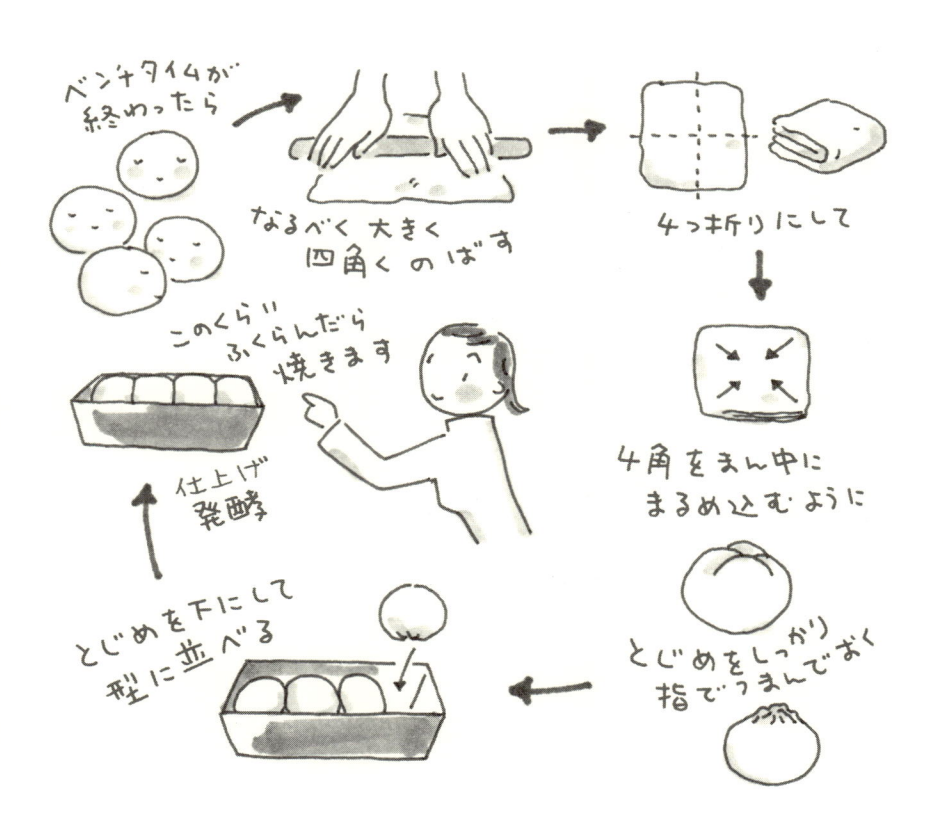

ベンチタイムが終わったら

なるべく大きく四角くのばす

4つ折りにして

4角をまん中にまるめ込むように

とじめをしっかり指でつまんでおく

とじめを下にして型に並べる

仕上げ発酵

このくらいふくらんだら焼きます

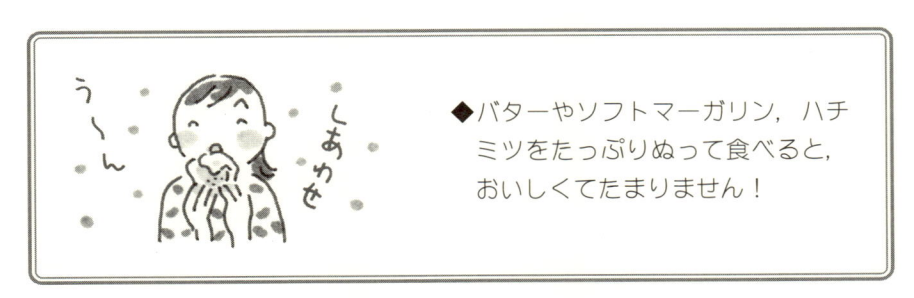

う〜ん　しあわを

◆バターやソフトマーガリン，ハチミツをたっぷりぬって食べると，おいしくてたまりません！

ほうれんそうの ちぎりパン

砂糖なし　卵なし　牛乳なし
オーブン

ゆでる ➡ つぶす

渋い草色で甘い香りのする，子ども好みのパン。レモンの香りで，ほうれんそう入りとはだれも気づかないかも？

●材　料　　　　　　　　　　　　　　　〔天板 1 枚分〕

ゆでたほうれんそう　100g
じゃがいもマッシュ（p.52 参照）
　　　　　　　　　　100g
強力粉　250g
薄力粉　100g
重そう　ひとつまみ
ドライイースト　小さじ 1
ぬるま湯　約 150cc

グレープシードオイルまたはほかの
　植物油　大さじ 1
ハチミツ　大さじ 1
塩　小さじ 1/2
レモン汁　1/2 個分
すりおろしたレモンの皮　1/2 個分
バニラエッセンス　少々

●作 り 方

① ゆでたほうれんそうはこまかくきざみ，すり鉢ですりつぶす。またはフードプロセッサーなどで，ピュレにしておく。

② ぬるま湯以外の材料を全部ボウルに入れ，ぬるま湯を少しずつ加えながらこね，パン生地をつくる。水分の量は，生地のようすを見ながら加減する。生地に弾力が出てよくのび，まるめたときに表面がつややかになればこねあがり。

③ こねあがったらひとつにまるめ，p.32 〜 33 の⑤〜⑥の要領で，夏場なら室温で 30 分，冬場なら保温して 1 時間ほど，一次発酵させる。

④ 9 等分にしてまるめ，間隔をあけながら天板に並べる。

⑤ p.33 の⑦の要領で約 30 分〜 1 時間仕上げ発酵させて，全体がひとつにくっついたら焼きはじめる。

⑥ オーブンに点火したらすぐ生地を入れ，180℃で 15 分焼く。

間隔をあけて
天板に並べます

↓

発酵すると…

全体がひとつに
くっつきます

◆ポテト入りなので，さめてもやわらかさがあるのです。バターなどつけるといっそうおいしい。

5 葉野菜たっぷりおやつ　125

スピナッチドーナツ

砂糖なし　牛乳なし　揚げなべ

ゆでる➡ミキサー

そこはかとなく香るレモンとバニラのハーモニーにうっとり。油で揚げても，オーブントースターで焼いてもおいしいよ。

●材　料　〔ひと口大のドーナツ約50個分〕

ほうれんそうピュレ（p.118参照）　50g
- 薄力粉　300g
- 重そう　小さじ1/3
- ベーキングパウダー　小さじ1

水　約60cc

卵　1個
ハチミツ　大さじ3～4
塩　小さじ1/2
レモン汁　1/2個分
すりおろしたレモンの皮　1/2個分

●作り方

① 薄力粉，重そう，ベーキングパウダーは合わせてふるっておく。
② ボウルに卵，ほうれんそうピュレ，ハチミツ，レモン汁，すりおろしたレモンの皮，塩を入れ混ぜ合わせる。
③ ①を入れ，水を加えて，粉っぽさがなくなるまで混ぜ合わせる。水分の量はその都度加減する。
④ ひとつにまとまり，ベタベタしない程度になったら，打ち粉（強力粉）を少々ふった台にとって，手粉も使いながら1cmくらいの厚さに平たくのばす。
⑤ 好みの型でぬくか，包丁で3cm四方にカットし，油で揚げる。または180℃のオーブンで5～7分，オーブントースターで3～5分焼いても，ふんわりふくらんでおいしい。

◆余ったほうれんそうピュレは，フリーザーバッグに流し入れ，平たくのばして冷凍します。ドーナツのほか，ハンバーグなどの料理に入れてもいいですね。
◆レーズンを入れるとうーんと甘くなります。

ベジタブル
クレープ

フライパン

ゆでる ➡ ミキサー

フィリングしだいでおやつにも軽食にもなる，きれいな緑色のクレープです。

● 材　料　　　　　　　　　　　　　　　　　　　　〔7〜8枚分〕

ほうれんそうピュレ（p.118参照）　　植物油　小さじ1
　　　　　　　　　　　　　50g　　卵　1/2個
薄力粉　150g　　　　　　　　　　　砂糖　小さじ2
水　150〜170cc　　　　　　　　　　塩　ひとつまみ
豆乳または牛乳　50cc

● 作り方

① 薄力粉以外の材料を全部ボウルに入れ，泡立て器で混ぜ合わせる。
② 薄力粉はふるって一度に①に加え，泡立て器で中心からうずまきを描くようにまぜていく。こうするとダマにならず，なめらかなクレープ生地ができる。
③ フライパンに薄く油をひき，生地を薄く流して弱火でゆっくり焼き，表面がかわいたらひっくり返してさっと火を通し，皿に取る。
④ 好みの具を包んでいただく。

◆ 〜具のアイディアいろいろ〜
スティックきゅうり，カリカリに焼いたベーコン，ハム，ソーセージ，ツナ缶，レタス，サラダ菜，コールスローなど。ケチャップやマヨネーズなどを添えても。
（甘み系）カスタードクリーム，生クリーム，フルーツ缶，バナナ，いちごなど

◆ 1枚ずつラップに包み，ビニール袋に入れて冷凍保存できます。食べるときは自然解凍で。

5　葉野菜たっぷりおやつ

小松菜の スイートタルト

→カラー口絵

砂糖なし / オーブン

ゆでる➡ミキサー

ハチミツとレモンの香りがさわやかな緑色のタルトです。青い野菜だってお菓子に変身しちゃうのです。

●材　料　〔直径21cmのパイ皿1枚分〕

＜タルト生地＞
薄力粉　100g
植物油　小さじ2〜3
水　約50cc
塩　ふたつまみ

＜フィリング＞
- 小松菜　1束
- 水　100cc

A
- 牛乳　100cc
- 豆乳　50cc
- 水　50cc

小麦粉　50g
卵　1個
ハチミツ　50cc
塩　ひとつまみ
バニラエッセンス　少々
すりおろしたレモンの皮　1/2個分

●作り方

① p.34の①〜⑤の要領でタルト生地をつくり，冷蔵庫で30分ねかせておく。
② 小松菜は洗ってやわらかくゆでる。水気をしぼってざく切りにし，分量の水とともにミキサーにかける。
③ ボウルに卵，ハチミツ，バニラエッセンスを入れてすり混ぜ，小麦粉も加えてすり混ぜる。
④ Aを合わせてあたためたものを，③に少しずつ加えながら，ダマにならないように混ぜ合わせる。
⑤ ④に②を加え混ぜる。
⑥ p.34〜35の⑥〜⑧の要領でタルト生地を厚さ2mmくらいにのばしてパイ皿にひき，フォークで穴をあける。⑤を流して，200℃のオーブンで約30分焼く。

◆焼いている途中で表面のこげ色が気になる場合は，アルミホイルをかぶせてください。

にら焼き

砂糖なし　卵なし　牛乳なし
フライパン

切る

レバにらいため、にらぞうすいなど、にら入り料理は子どもが大好き。そして、おやつにだって。

●材　料　　〔直径25cmのもの2枚分〕

にら　1束（100g）
薄力粉　200g（2カップ）
ちりめんじゃこや干しえび（あれば）
　　　　　　　　　大さじ2
水　300cc
塩　小さじ1/2
植物油　1枚につき小さじ1～2

●作り方

① ボウルに水、塩を入れて、ふるった薄力粉を入れ、泡立て器でダマのないように混ぜていく。
② にらは3cm幅に切って①に加え、あればちりめんじゃこ、干しえびなどを混ぜてタネをつくる。
③ フライパンに薄く植物油をひき、おたま1杯ずつ②を流して中火で焼く。上面がかわいたらひっくり返して10秒ほど焼き、皿にとる。

◆にらと小麦粉さえあればできる、手軽さとおいしさがたまりません。手軽な朝ごはんにもなります。
◆好みで酢じょうゆ、ソース、ケチャップなどをつけて食べます。そのまま手でつまんで食べてもいいですね。

5　葉野菜たっぷりおやつ

ふわふわ にらぎょうざ

➡カラー口絵

砂糖なし　卵なし　牛乳なし

揚げなべ

切る

ぎょうざのおばけのような揚げパンの中には，にらたっぷりの肉あんがぎっしり。おやつに食べたら，夕ごはんにもまたほしい。

●材　料　〔16個分〕

<皮>
地粉　300g
ドライイースト　小さじ1
ぬるま湯　約180cc
ごま油　小さじ2
ハチミツ　小さじ2
塩　小さじ1/2
<あん>
にら　1束（約100g）
干ししいたけ　中3枚
はるさめ　30g
豚ひき肉（赤身）　100g
しょうがのみじん切り　1かけ分
にんにくのみじん切り　1かけ分
ごま油　少々
しょうゆ　大さじ1
味噌　小さじ1

●作り方

① 皮をつくる。ボウルにぬるま湯150cc，ハチミツ，塩を入れて混ぜ合わせたところへ，ドライイーストを混ぜた地粉を加え，残りのぬるま湯30ccを少しずつ足しながら，ややかための生地にこねあげる。

② ①にごま油小さじ1を練り込んでひとまとめにし，残りのごま油小さじ1を表面にぬって，p.32の⑤の要領で，ボウルの中で約40分一次発酵させる。

③ 発酵の間にあんをつくる。にらは1cmの長さに切り，干ししいたけは水で戻して粗みじん切りにする。はるさめは熱湯で戻してざく切りにする。

④ 豚ひき肉をボウルに入れ，手でよく練り，ねばりを出す。みじん切りのしょうが，にんにくを加えて練り，にら，しいたけ，はるさめも加えてよく練り混ぜる。

⑤ ごま油，しょうゆ，味噌で調味し，16等分しておく。

⑥ ②の生地全体がマシュマロのようにふんわりふくらみ，フィンガーテストがOKなら発酵終了。ガス抜きしてから16個に分割してまるめ，かたくしぼっ

たぬれぶきんをかけて 5 分くらい休ませる（p.32 〜 33 の⑥〜⑦参照）。
⑦皮の生地をひとつひとつめん棒で直径 8cm の円形にのばし，あんをのせ，イラストのように半月形に形づくる。
⑧かたくしぼったぬれぶきんに包み，冬場なら 30 分，夏場なら 5 〜 10 分ほど室温で仕上げ発酵させる。2 倍くらいの大きさになったら OK。
⑨ 180℃の油で両面をこんがり揚げる。

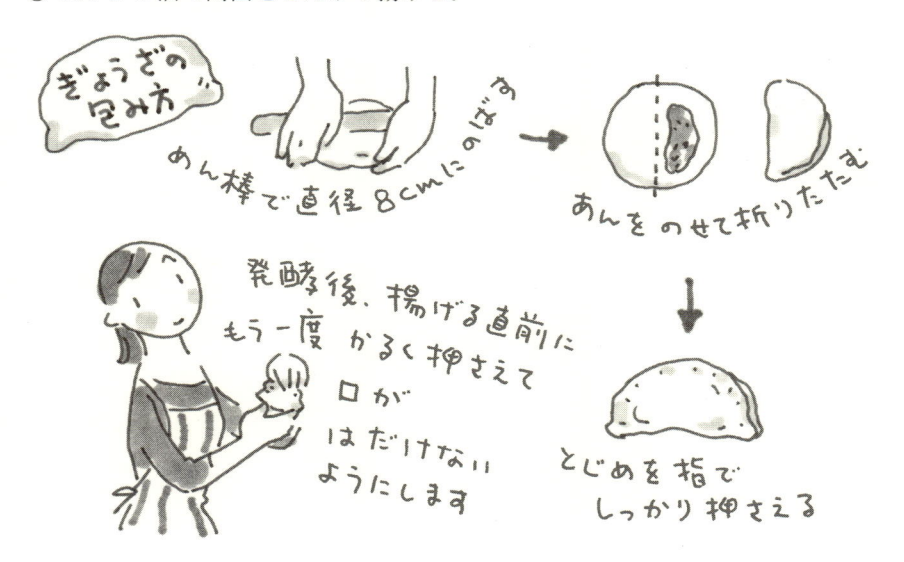

ぎょうざの包み方

あん棒で直径 8cm にのばす

あんをのせて折りたたむ

発酵後，揚げる直前にもう一度 かるく押さえて
口が はだけない ようにします

とじめを指で しっかり押さえる

口をしっかり とじないと こんなことに
中身が出ちゃった！

◆揚げ油にごま油を加えると，風味よく揚がります。
◆地粉が手に入らない場合は，強力粉と薄力粉を半々に合わせたものを使いましょう。また，薄力粉の一部を全粒粉に置き換えると，素朴な味わいになります。
◆皮はなるべく薄く，あんはたっぷり入れるとおいしいのです。
◆油で揚げる直前に，とじめを指でかるく押さえておくと，揚げている途中で中身がとび出すのを防げます。

ねぎのおやき

砂糖なし　卵なし　牛乳なし
フライパン

きざむ

色黒の全粒粉も，たっぷりねぎを包んで油で焼くと，おいしさ再確認。香ばしい焼きたてをほおばれば，素材のうまみがじんわり伝わってきます。

●材　料　　　　　　　　　　　　　　　　　　　　〔4枚分〕

ねぎ　200g（細めのもの2本分）　　塩　小さじ1/2
全粒粉　200g　　　　　　　　　　　ごま油　適量
水　約125cc

●作り方

①ねぎは小口切りにする。
②ボウルに全粒粉と塩を入れて混ぜ合わせ，分量の水を少しずつ加えながら練り混ぜる。
③②の生地をひとかたまりにまとめて，しっかりこねる。加える水の量は最低限なので，かなりこしのある生地になる。全体重をかけ，力をこめて押してはたたむのを繰り返し，表面につやが出て，弾力のあるしっかりした生地になるまでこねつづける。10分くらいはこねたい。
④こねあがったら，かたくしぼったぬれぶきんまたはラップをかけて30分ねかせる。
⑤④を4等分して，打ち粉をした台にとり，めん棒で直径13～15cmの薄い円形にのばす。
⑥⑤の皮全体にねぎの1/4量を平らにのせ，くるくる巻いて棒状にし，それをさらに端から渦巻き状に巻いて，手のひらで押さえて平たくする。4枚とも同様につくる。
⑦フライパンに多めのごま油を熱し，⑥を入れ，弱火から中火で両面に香ばしい焼き色がつくまで，ふたをしてじっくり火を通す。

◆熱いうちにしょうゆをつけて食べるとおいしい。酢じょうゆ，からしなども合います。

6

組み合わせればカラフル＆デリシャス

いろいろ野菜のおやつ

カレー味クラッカー

油なし　砂糖なし　卵なし　牛乳なし
フライパン

→カラー口絵　きざむ／すりおろす

ノンオイル・ノンシュガースナック。野菜と煮たオートミールが甘みのもとです。

●材　料　　　　　　　　　　　　　　　〔天板4〜5枚分〕

たまねぎのみじん切り　20g
すりおろしたにんじん　50g
パセリのみじん切り　大さじ1
強力粉　250g
ドライイースト　小さじ1/2
塩　小さじ1/3〜1/2
カレー粉　小さじ2
ガーリックパウダー　小さじ1
水　大さじ1〜2
{ オートミール　35g（1/2カップ）
　水　100cc

●作り方

① オートミールは分量の水でさっと煮て，さましておく。
② 水と①以外の材料を全部ボウルに入れて混ぜ合わせたところへ，①を加えて混ぜる。分量の水を加えてこね，かための生地をつくる。水分が足りなければ水を少し（大さじ1くらいまで）足しながらこねるとよい。
③ 生地をひとまとめにし，かたくしぼったぬれぶきんをかけて，夏場なら室温で，冬場なら保温して30分ほど発酵させる。
④ しまった感じだった生地が見た目にふんわりとし，指でさわってもふわっとしているくらいに発酵したらOK。打ち粉をした台に生地を取り出し，めん棒で5mm厚さにのばして好みの形に切り，180℃のオーブンで10分焼く。
⑤ 火を止めたらそのままオーブン内でパリッとするまで乾燥させる。

◆発酵させすぎると成形しにくくなるので気をつけて。ふわっとふくらむくらいの軽い発酵で止めましょう。
◆カレー粉は好みで増やしても。
◆パセリは，茎ごと冷凍したものを手でつぶして使えば手軽。

真珠蒸し
➡カラー口絵

（砂糖なし）（卵なし）（牛乳なし）
（蒸し器）

きざむ／すりおろす

いろいろな野菜とひき肉を使って，軽食風のおやつにしましょう。甘いお菓子の苦手な子も大よろこび。

●材　料　　　　　　　　　　〔12～13個分〕

ねぎ　1本
戻した干ししいたけ　2枚
キャベツまたははくさい　100g
すりおろしたにんじん
　　　　　　50g（小1/2本分）
もち米　70g

豚ひき肉　80g
植物油　小さじ1
塩　小さじ1/2
しょうゆ　小さじ1/2
しょうが汁　小さじ1

●作　り　方

① もち米は洗って，30分くらい水にひたしておく。
② ねぎ，しいたけ，キャベツはみじん切りにする。
③ すりおろしたにんじんと②を，いっしょに分量の植物油でいためる。
④ 豚ひき肉に塩，しょうゆ，しょうが汁を加えて③を混ぜ合わせ，直径4cmくらいのだんごにする。
⑤ 水きりしたもち米の上に④のだんごをころがして，全体にまぶす。
⑥ 蒸気の上がった蒸し器で10～15分蒸し上げる。

◆鶏ひき肉でもおいしくできます。さっぱりした色白のだんごになります。
◆まぶすもち米は，多少まばらにくっついていても，蒸し上がったときはだんご全体をおおうので大丈夫。

カレーまん

(砂糖なし) (卵なし) (牛乳なし)
(蒸し器)

きざむ

市販の固形ルーを使ったお手軽レシピ。甘くないおやつの定番です。

●材　料　〔約 16 個分〕

＜カレーあん＞
ピーマン　小 2 個
たまねぎ　小 1 個（100 〜 150g）
にんじん　50g
豚ひき肉　60g
にんにくのみじん切り　1 かけ分
しょうがのみじん切り　1 かけ分
植物油　大さじ 1
水　200cc
固形カレールー　40g

＜皮＞
強力粉　100g
薄力粉　300g
ドライイースト　小さじ 2
水　約 230cc
植物油　小さじ 2
ハチミツ　大さじ 2
塩　小さじ 1/5（1g）
カレー粉　小さじ 2

●作　り　方

①カレーあんをつくる。ピーマン，たまねぎ，にんじんはみじん切りにする。
②熱したフライパンに分量の植物油を入れ，しょうが，にんにくをいため，①を加え，たまねぎがしんなりしたところで豚ひき肉を加えて，よくいためる。
③分量の水を加えて固形カレールーを入れ，水分が少なくなってとろりとするまで煮る。さまして 16 等分にしておく。
④皮をつくる。ボウルに水以外の材料を全部入れて混ぜ合わせ，分量の水を少しずつ加えてこねる。ボウルの中で生地を両手でもみ込むように 10 分ほどこねると，なめらかな生地ができる。
⑤生地をまるめてボウルに入れ，p.32 の⑤の要領で約 40 分発酵させる。
⑥約 2 倍にふくらんだら 16 等分してま

るめ，パンマットにはさんで木の台などにおき，ベンチタイムを 5 分とる（p.32 ～ 33 の⑥～⑦参照）。
⑦生地をめん棒で平たくのばして中央にカレーあんをのせて包み，アルミカップにのせる。
⑧蒸し器に水を入れて火にかけ，蒸気が上がったら火を止めて，生地を並べ入れ，ふたをして 5 ～ 15 分ほど仕上げ発酵させる。
⑨そのまま再び点火し，沸騰後強火で約 15 ～ 20 分間蒸す。

◆皮の水分は，こねた時の状態で変わることがあります。まず 200cc くらいを加えてこね始め，生地のようすを見ながら，手で楽にこねられる程度まで残りの水を足して，調節してください。

6 いろいろ野菜のおやつ

いもの粉の野菜ちまき

➡カラー口絵

油なし　砂糖なし　卵なし　牛乳なし
蒸し器

切る➡塩もみ

ちょっと色黒のいもの粉でつくったベジタリアンの蒸しだんご。蒸したてのあたたかいところをめしあがれ。

●材　料　〔16本分〕

いもの粉（p.61のメモ参照）　200g
だいこん　200g
にんじん　50g
だいこん葉（やわらかいところ）　少々

えのきだけ　100g（小1袋）
みりん　大さじ1
しょうゆ　小さじ1
笹の葉　5～16枚（大きさによる）
水　約200cc

●作　り　方

① 笹の葉は熱湯につけてやわらかくし，7cm×10cmほどに切っておく。
② えのきだけは，石づきを切り落としてから3cm長さに切り，分量のみりん，しょうゆで煮ておく。
③ だいこんはマッチ棒大に切り，塩少々（分量外）を混ぜてしばらくおき，水が出たらよく洗い，しっかりしぼる。にんじんも塩少々（分量外）でもみ，しんなりしたら水で洗ってよくしぼる。だいこん葉は細かくきざむ。
④ ②と③を混ぜ合わせたところに，いもの粉を加え，水を少しずつ加えて，なめらかなだんごの生地にする。16等分し，笹の葉の幅に合わせて棒状に形づくり，イラストのように笹の葉でくるんで，蒸気の立った蒸し器で約10分蒸し上げる。

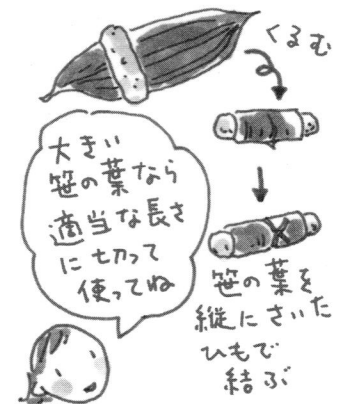

◆いもの粉のかわりに，だんご粉（上新粉ともち粉をブレンドしただんご専用の粉）を使ってもつくれます。この場合は水分をやや少なめにしてください。

Q レシピ通りにつくったのに，パン生地がいっこうに発酵しないのですが…

A この本では，小麦粉に直接混ぜて使うことのできるインスタントドライイーストを使用しています。こねる前に小麦粉に混ぜておき，そこに36〜40℃のぬるま湯（または豆乳，野菜ピュレなど）を加えてこねていきます。

　イーストは22℃以下になると活動を停止して休眠状態になり，40℃以上になると活動がおとろえ，60℃で死滅します。

　こねている間，手の熱やこねる台との摩擦などによってパン生地の温度が保たれ，こねあがりの温度が28℃前後になっているのが理想です。

　冬場など室温が低い場合は，こねている間に温度が下がりやすく，こねあげ温度が26℃以下になっていることがあります。そうすると，発酵時にきちんと保温していても，発酵が遅くなることもあります。こねあげたあと，手でさわった生地の感じがちょっと冷たいなと思ったら，もう一度力を入れてこねてから，少し長めに発酵時間をとってみてください。

　逆に高温になりすぎるのも，イーストが死んでしまうため，よくありません。夏場はむしろ涼しいところで自然発酵させましょう。

　また，購入したドライイーストは，保存期間が長くなるほど，生物としての活性が低下してきます。開封後は冷凍庫で保存し，早めに使いきるようにしましょう。

　もしも，ドライイーストを入れ忘れて生地をつくってしまったら，いくら待っても発酵することはありません。あとから入れ忘れに気づいた場合は，分量のドライイーストと砂糖ひとつまみを，少量（30〜50cc）のぬるま湯にふり込み，活性化させてから生地に練り込むと，パン生地として使うことができます。あきらめずにもう一度発酵させてみてください。

Q この本のお菓子のカロリーはどのくらいですか

A やせたい人，食べすぎを気にかける人にとっては，食品のカロリー表示が，食べる量をはかるひとつのめやすになることもあるでしょう。ダイエットや食事療法を目的とするレシピブックなどには，カロリー表示がある場合もありますね。

　カロリー表示を希望する読者の方もいらっしゃるのですが，この本をはじめ，『自然派おやつ』などの私のレシピブックでは，とくにカロリー表示をしていません。食事療法のための本ではありませんし，私自身が，カロリーの数値にあまり意味を見いだせないからです。

　カロリー（熱量）だけでは，人に必要な栄養素ははかれません。カロリーの数値だけで一日の食べものを決めることに慣れてしまうと，栄養の偏りに気づかなくなってしまうかもしれません。

　カロリーを意識するよりも，砂糖や油脂をひかえめに使い，野菜や自然の穀物を毎日の食事でしっかりと食べるように意識することが，健康にもいいし，自然なダイエットにもなるのだと思います。

　もちろんこの本のおやつは砂糖や油脂がひかえめの，野菜が主体のおやつですから，カロリーを計算すれば一般的なケーキなどよりも低いはずです。でもとくにカロリーを計算しなくても，良質の食事をしっかりとり，そのほかに楽しみとして食べるおやつも，この本のようなヘルシーなものであれば，食事療法などでどうしても必要な場合を除いて，カロリーにこだわらなくても健康な食生活を送ることができるでしょう。

●材料・道具のお店情報●

この本で使う材料がお近くのお店で手に入らない場合のために,全国配送も可能なお店をご紹介いたします。

★富澤商店

製菓材料だけでなく,和洋中韓,エスニックと幅広く食材を取り扱っています。アレルギー関連の食品は少ないものの,目をみはる品ぞろえです。配達もスピーディー。

注文はホームページ上から,または電話か FAX で配送センターまで。カタログを送ってもらうこともできます(有料)。

ネット通販では食材中心ですが,店舗では製菓用具も取り扱っています。

●配送センター(注文・問い合わせ先)
  電話:042-776-6488
  FAX:042-776-6478
  メール:info@tomizawa.co.jp
  ホームページ:http://www.tomizawa.co.jp/
  営業時間:月〜金 9:00 〜 17:00,土 9:00 〜 12:00
  定休日:日曜,祭日
●本店
  住所:〒 194-0013 東京都町田市原町田 4-4-6
  電話:042-722-3175
  営業時間:10:00 〜 19:00
  定休日:なし

★お菓子材料の店 クオカ

製菓・製パンの材料と用具なら,ほぼ何でもあるといっていいほどの充実した品ぞろえです。くるみ油など,他店ではあまり取り扱っていないアレルギー関連のめずらしい商品もあり,値段も量も個人購入者には手頃なものが多いのがうれしい。配達もスピーディー。

注文はホームページ上から。

住所：（クオカショップ高松）　〒760-0080　香川県高松市木太町1区76
電話：0120-863639
メール：info@cuoca.com
ホームページ：http://www.cuoca.com/
営業時間：10:00 〜 19:00
定休日：水曜

★もやし研究会

　健康な食生活を支援する食品を販売しています。無農薬の豆，穀物，ドライフルーツ，もやしづくりのキットなどのほか，ハーブエキス，エッセンシャルオイル，各種サプリメントなども取り扱っています。豆や穀物は手頃な値段でおすすめです。
　注文は電話かFAXで。カタログを送ってもらうこともできます（無料）。

住所：〒111-0043　東京都台東区駒形2-1-20　山本ビル1F
電話：03-3841-3064
FAX：03-3841-3319
メール：moyasi@box.email.ne.jp
営業時間：10:00 〜 17:20
定休日：土曜，日曜，祝日

★女子栄養大学代理部

　おもに調理道具を取り扱っています。女子栄養大学で使用しているオリジナル商品をはじめ，調理器具，計量器，包丁，書籍などを一般にも販売しています。私が塩1g（小さじ1/5）をはかるのに愛用している，1mℓミニスプーンはここのオリジナルです。
　注文は電話で。

住所：〒170-8481　東京都豊島区駒込3-24-3
電話：03-3949-9371
ホームページ：http://www.eiyo.ac.jp/
営業時間：9:15 〜 17:15
定休日：土曜，日曜，祝日

● あ と が き ●

　『みうたさんの野菜たっぷり料理』から4年半の年月が過ぎてしまったことに，月日の流れの速さを思わずにはいられません。

　この間，子育てやその他もろもろの体験を重ねに重ね，その合間を縫うように試作をしながら，少しずつイメージをふくらませて，どうにかこの本の完成にたどりつくことができました。

　のんびりゆったりとスローな日々を過ごすなかにも，アレルギーの会の方との出会いがあり，子育て中のお母さんたちとのボランティア活動などもありました。それらを通じて，同じ世代でも食に対する考え方がかなりちがうものだということを学ぶことができました。

　読者の方からの問い合わせも多数寄せられます。しかし，お菓子づくりの経験も手持ちの道具もそれぞれ異なる方々からの質問に的確に答えるのは，非常にむずかしいと感じています。

　そこで今回は，知っておくと家庭でのお菓子づくりに役立つ，材料の特性や応用のヒントなどの情報ページをもうけました。この中から解決策を見つけていただければ幸いです。

　味覚は習慣で変わると本文で書きましたが，さらにつけ加えると，年齢でも変化していくことを実感するこのごろです。とくにいも類を使った和風のおやつに無性に親しみを覚えます。一方，育ち盛りの子どもたちは少しおしゃれでボリュームのあるおやつをリクエストしてくるようになりました。

　世代や環境によって自在にレパートリーを広げる楽しみもまた，あるようです。

　構想からほぼ3年，なかなか筆の進まない筆者を気長に，辛抱強く待ってくださった農文協のみなさん，そして温かく支援してくださった森千栄子さん，平田真紀さんに深く感謝申し上げます。

2002年5月
江島雅歌

著 者
江島雅歌（えじま・みうた）

熊本に生まれる。大学卒業後，昔ながらの庶民の食生活にあこがれて，アジア，アフリカ，ヨーロッパ各地を放浪。現在2児の母。気ままでぼーっとした性格ゆえに，育児も家事もどこか不思議な自分流。そうしたなかで，心と体にやさしい食と暮らしをのんびりと模索中。
これまでに『減糖・減バター 自然派おやつ』『みうたさんのノンシュガーおやつ』『みうたさんの野菜たっぷり料理』（農文協）を上梓。

イラスト
江島恵子（えじま・けいこ）

フリーイラストレーター。雑誌，広告などのイラストをおもに手がける。東京都国分寺市在住。

みうたさんの野菜たっぷりおやつ
　低糖・低脂肪でおいしくつくるレシピ＆ヒント

2002年6月25日　第1刷発行
2004年8月31日　第9刷発行

　　著　者　　江　島　雅　歌

　　発行所　　社団法人　農山漁村文化協会
　　郵便番号　107-8668　東京都港区赤坂7丁目6-1
　　電話 03(3585)1141(営業) 03(3585)1145(編集)
　　FAX 03(3589)1387　　振替 00120-3-144478
　　URL http://www.ruralnet.or.jp/

ISBN4-540-02132-X　　　　　　製作／㈱河源社
〈検印廃止〉　　　　　　　　　印刷／㈱新　協
ⓒ M.Ejima 2002　　　　　　　　製本／根本製本㈱
Printed in Japan　　　　　　　　定価はカバーに表示
乱丁・落丁本はお取り替えいたします。